Cómo Iniciar su Propio Negocio

Mark Warda

Abogado

SPHINX® PUBLISHING
AN IMPRINT OF SOURCEBOOKS, INC.®
NAPERVILLE, ILLINOIS
www.SphinxLegal.com

Primera Edición: 2005

Publicado por: **Sphinx® Publishing, Impresión de Sourcebooks, Inc.®**

<u>Naperville Office</u>
P.O. Box 4410
Naperville, Illinois 60567-4410
630-961-3900
Fax: 630-961-2168
www.sourcebooks.com
www.SphinxLegal.com

Esta publicación está destinada a proporcionarle información correcta y autorizada respecto a los asuntos cubiertos. Se vende entendiéndose que la editorial no se compromete a suministrar servicios legales o contables, ni ningún otro tipo de servicios profesionales. Si se requiere asesoramiento legal u otro tipo de consulta profesional, se deberán contratar los servicios de un profesional competente.

De una Declaración de Principios aprobada conjuntamente por un Comité de la Asociación Americana de Colegios de Abogados y un Comité de Editoriales y Asociaciones

Este libro no reemplaza la ayuda legal.
Advertencia requerida por las leyes de Texas.

Library of Congress Cataloging-in-Publication Data

Warda, Mark.
  Como iniciar su propio negocio / by Mark Warda.-- 1. ed.
    p. cm.
  ISBN-13: 978-1-57248-674-4 (pbk. : alk. paper)
  ISBN-10: 1-57248-674-0 (pbk. : alk. paper)
  1. Business law--United States. 2. Business enterprises--Law and legislation--United States--
Popular works. 3. Business enterprises--United States--Popular works. I. Title.

KF390.B84W37 2005
346.73'065--dc22
                                                  2005024772

Imprentado en los Estados Unidos de America
VP — 10 9 8 7 6 5 4 3 2 1

Sumario

Capítulo 1

Cuando se Decide Empezar un Negocio

Si usted está leyendo este libro, probablemente haya hecho una seria decisión de comenzar su propio negocio. Miles de personas hacen la misma decisión cada año y muchos tienen éxito. También otros fallan. El conocimiento sólo le puede ayudar cuando se presentan las oportunidades de tener éxito. Debe saber que por qué algunos tienen éxito cuando otros fallan. Ciertas de las siguientes explicaciones pueden parecer obvias, pero aquellos dedicados a su idea de un nuevo negocio, ocasionalmente pasan por alto parte de esta información.

Sepa Cuáles Son sus Puntos Fuertes

Lo último que un empresario prometedor quiere escuchar es que no está hecho para llevar adelante un negocio, pero usted puede tener éxito si sabe dónde adquirir la experiencia que le falta.

Considere las destrezas y el conocimiento que requiere manejar un negocio exitoso y decida si tiene el empuje que necesita. Si no es así, eso no significa que está condenado a ser un empleado toda su vida. Quizás necesite un socio o socia que tenga las habilidades que usted no tiene, o a lo mejor puede tomar a alguien que tenga esas destrezas o puede estructurar su negocio evitando las áreas donde usted es incompetente. Si eso no funcionara, quizás usted pueda aprender algunas cosas.

Por ejemplo, si usted no es muy bueno tratando con empleados (ya sea porque es muy pasivo y siente que se aprovechan de usted, o porque es muy duro con ellos y los asusta) usted puede:

- desarrollar la parte de los productos o mercancía y dejar que su socio/a trate con los empleados;

- tomar seminarios sobre cómo administrar empleados; o,

- estructurar su negocio para no necesitar empleados. (Tome contratistas independientes o establézcase usted como contratista independiente.)

A continuación hay algunos factores a considerar cuando planee su propio negocio.

- Si tomara meses o años antes que su negocio le dé ganancias, ¿tendría los recursos para aguantar? (El poder de resistencia es un ingrediente importante para el éxito.)

- ¿Está dispuesto a poner mucho tiempo extra para hacer que su negocio tenga éxito? (Muchos dueños de negocios trabajan largas horas durante los siete días de la semana, pero disfrutan manejar su negocio más que los picnics familiares o que ir de pesca.)

- ¿Está dispuesto a hacer trabajos sucios o desagradables? (Puede que tenga que pasar el trapo al piso o a una habitación inundada, pasarse el fin de semana rellenando sobres o trabajar el día de Navidad si alguien llama porque está enfermo.)

- ¿Sabe lo suficiente sobre el producto o servicio? ¿Está familiarizado con lo que está de moda en la industria o con los cambios que trae la nueva tecnología?

- ¿Sabe lo suficiente sobre contabilidad y sobre cómo llevar un inventario para dirigir el negocio? ¿Tiene buena "mentalidad para los negocios?"

- ¿Es usted bueno dirigiendo empleados?

- ¿Sabe cómo vender el producto o servicio?

- ¿Sabe lo suficiente acerca de cómo obtener publicidad?

Conozca su Negocio

No sólo necesitará conocer el concepto de un negocio, sino la experiencia de trabajar en un negocio. Quizás usted siempre ha soñado con ser dueño de un Bed and

Breakfast (hospedaje con cama y desayuno) o una pizzería. ¿Ha trabajado alguna vez en este tipo de negocio? Si no es así, es posible que no tenga ni idea de los dolores de cabeza diarios y de los problemas que ocasionan ese tipo de negocio. Por ejemplo, ¿sabe cuánto margen debe dejar para robos, por si se le echa a perder la comida y para clientes insatisfechos?

Posiblemente usted se sienta un poco raro de tomar un trabajo de principiante en una pizzería cuando más le gustaría abrir la suya propia, pero puede ser la preparación más valiosa que usted pueda hacer. Unas pocas semanas viendo cómo opera un negocio puede significar una diferencia entre el éxito y el fracaso.

Trabajar en un negocio como empleado es una de las mejores maneras de tener éxito en ese negocio. Es bien sabido que gente nueva con nuevas ideas que trabajan en industrias viejísimas, las han revolucionado haciendo mejoramientos obvios que anteriormente nadie se animaba a hacerlos.

Haga las Cuentas

Necesita tener un plan de negocios antes de comprometerse a aventurarse, pero muchos negocios empiezan con éxito sin que el dueño siquiera se entere cuál es el plan de negocios. Tienen un gran concepto, lo ponen en el mercado y se lanzan, pero al menos tiene que hacer algunos cálculos básicos para ver si el negocio puede dar ganancias.

- Si quiere empezar un negocio al por menor, averigüe cuántas personas viven lo suficientemente cerca para que puedan ser clientes y cuántos otros negocios estarán compitiendo para tener esos clientes. Visite algunos de esos otros lugares y vea cuánto trabajo tienen. Sin dar a conocer sus planes de competir, haga preguntas generales como ¿qué tal anda el negocio? Y quizás compartan con usted sus éxitos o frustraciones.

- Ya sea que usted venda un producto o un servicio, haga las cuentas para averiguar cuánta ganancia existe. Por ejemplo, si planea empezar una compañía de pintura de casas, averigüe cuánto le tendría que pagar a los pintores; cuánto le costaría el seguro; qué tipo de licencias y fianzas necesitaría; y cuánto le costaría poner anuncios o hacer publicidad.

- Averigüe también si hay demanda para su producto o servicio. Suponga que usted ha diseñado una hermosísima vela y todos su amigos le dicen que tendría que abrir un negocio porque "todos van a quererlas". Antes de hacer cientos de velas y de alquilar un local, lleve algunas a las ferias de artesanías y a los mercados de pulgas y vea qué pasa.

- Calcule cuáles serían las entradas y los gastos típicos de un mes en su nuevo negocio. Haga una lista de los gastos mensuales como la renta, los salarios, luz, gas y teléfono, los impuestos, provisiones o suministros, la publicidad, los servicios y otros gastos generales. Después calcule qué promedio de ganancias tendría de cada venta. Acto seguido, calcule cuántas ventas necesitaría para cubrir los gastos y divídalo por el número de días en el mes. ¿Puede esperar para hacer más o menos todas esas ventas en un mes? ¿Cómo lo lograría?

Otras Fuentes de Ayuda

La mayoría de los negocios tienen asociaciones mercantiles que generalmente poseen datos específicos acerca de cuán lucrativos son sus miembros. Algunas hasta tienen "promociones para ponerse en marcha" para la gente que quiere empezar sus negocios. Una buena fuente de información sobre esas organizaciones es la *Enciclopedia de Asociaciones* publicada por Gale Research Inc. La cual está disponible en la sección de referencias de muchas bibliotecas. Los fabricantes de productos comerciales a menudo asisten a las pequeñas empresas a comenzar su negocio para ganarse su confianza y lealtad. Comuníquese con los grandes distribuidores de los productos que va a utilizar en su negocio y vea en qué manera le pueden ayudar.

SCORE

Cuerpo de Servicio para Ejecutivos Retirados (Service Corps of Retired Executives). SCORE "Consejeros para los Pequeñas Empresas de America" es la mejor fuente de ayuda gratis y confidencial para ayudar a las pequeñas empresas a construir su negocio—-desde elaborar la idea hasta comenzar a llegar al éxito. La Asociación SCORE, con su casa madre en Washington, D.C., es una asociación sin fines de lucro dedicada a la educación empresarial y a la formación, el crecimiento y el éxito de las pequeñas empresas en todo el país.

Con más de 389 asociaciones en el ámbito nacional, hay una asociación cerca de usted. Sírvase contáctese con ellos a:

SCORE Association
409 3rd Street S.W.
6th Floor
Washington, DC 20024
800-634-0245
www.score.org

Capítulo 2

Escogiendo la Constitución de su Negocio

Las cinco estructuras de negocios más comunes en los Estados Unidos son: dueño (ser propietario), sociedad colectiva, corporaciones, sociedades (compañías) de responsabilidad limitada y de asociación limitada. A continuación se describen las características, ventajas y desventajas de cada una de ellas.

Dueño (Ser Propietario)

Características. Un dueño o propietario es aquella persona que hace negocios en su nombre o bajo un nombre ficticio.

Ventajas. La simplicidad es sólo una de las ventajas. Tampoco hay gastos de organización ni formas de impuestos ni declaraciones adicionales.

Desventajas. El propietario es personalmente responsable por todas las deudas y obligaciones. Tampoco existe continuación del negocio después de muerto. Todas las ganancias o utilidades están directamente sujetas a impuestos, lo cual es verdaderamente una desventaja para el propietario. Los asuntos de negocios se pueden mezclar fácilmente con los asuntos personales.

Sociedad Colectiva

Características. Hay dos o más personas que asumen la dirección de un negocio y comparten las pérdidas y ganancias.

Ventajas. Los socios pueden combinar su experiencia y sus bienes. Una sociedad Colectiva permite que la responsabilidad se distribuya entre más personas. También, el negocio puede continuar después de la muerte de un socio si uno de los socios sobrevivientes lo compra.

Desventajas. Dentro del campo de los negocios, cada socio es responsable de los actos de los otros socios. Esto significa que si su socio perjudica a un cliente o firma un de crédito (préstamo) de un millón de dólares en nombre de la sociedad, usted puede ser personalmente responsable por ello. Aún cuando queden en el negocio, todas las ganancias están sujetas a impuestos. Dos desventajas más: todos los socios comparten el control, y la muerte de uno de los socios puede implicar una liquidación (terminación y cierre de la empresa) Generalmente, en una sociedad colectiva, es muy difícil deshacerse de un mal socio.

Corporación

Características. Una corporación es una "persona artificial" legal que lleva a cabo negocios, a través de sus funcionarios, para sus accionistas. Esta persona legal lleva a cabo negocios en su nombre y los accionistas no son responsables por sus actos.

Una *corporación S* es una corporación que ha presentado la *forma 2553* de; Servicio Interno a las Rentas (IRS) escogiendo que los accionistas serán responsables por los impuestos de todas las utilidades (ganancias) en lugar de a la corporación. Una corporación S presenta devolución de impuestos pero no paga impuestos federales ni estatales. La ganancia que se muestra en la devolución de impuestos se produce en la devolución de impuestos de los dueños.

Una *corporación C* es cualquier corporación que no haya sido electa para que se le carguen los impuestos como en una corporación S. Las corporaciones C pagan impuestos sobre sus utilidades. El efecto de esto es que cuando se pagan los dividendos a los accionistas están sujetos a impuestos dos veces; una por la corporación y otra cuando se les paga a los accionistas.

Una *corporación de servicios profesionales* es una corporación formada por un profesional como un doctor o un contador. Hay reglas de impuestos estatales especiales para las corporaciones de servicios profesionales.

Una *corporación sin fines de lucro* es la que generalmente utilizan las organizaciones como iglesias o asociaciones de condominios. Sin embargo, cuando se planea con cuidado, algunos tipos de negocios se pueden establecer como corporaciones sin fines de lucro y ahorrar mucho dinero en impuestos. Aunque una corporación sin fines de lucro no puede pagar dividendos, puede pagar salarios competitivos a sus funcionarios y empleados.

Ventajas. Si están organizados apropiadamente, los accionistas no tienen responsabilidad por las deudas de la corporación ni por los juicios, y los funcionarios generalmente no tienen responsabilidad personal por sus actos de corporación. La existencia de una corporación puede ser perpetua. Hay ventajas impositivas que se le permiten sólo a las corporaciones. El tener una corporación implica un gran prestigio. Dos ventajas excelentes son: que se puede incrementar el capital mediante la emisión de acciones, y que es fácil transferir los derechos de propietario después de muerto. Una corporación pequeña puede organizarse como corporación S para evitar pagar impuestos de corporación y seguir teniendo las ventajas como corporación. Algunos tipos de negocios se pueden regularizar como corporaciones sin fines de lucro que proporcionan ahorros impositivos significantes.

Desventajas. Los precios para poner en marcha una corporación y formarla son una verdadera desventaja; además, hay ciertas formalidades como las reuniones anuales, cuentas de banco separadas y formularios impositivos. A menos que una corporación esté registrada como corporación S, debe pagar impuestos federales sobre las rentas separadamente de los impuestos que pagan los dueños.

Sociedad (Compañías) de Responsabilidad Limitadas (LLC)

Características. Una LLC es como una sociedad limitada sin los socios generales. Tiene características de una corporación y de una sociedad; ninguno de los socios tiene responsabilidad y todos pueden tener algún control.

Ventajas. Las compañías de responsabilidad limitada ofrecen los beneficios impositivos de una sociedad con la protección de la responsabilidad de una corporación. Tanto las corporaciones como las LLC ofrecen al dueño protección por las deudas de negocios; asimismo, la LLC le ofrece protección sobre los bienes de la empresa por las deudas de uno de los dueños. La sociedad de responsabilidad limitada, ofrece más beneficios impositivos que una corporación S porque debe pasar más depreciaciones y deducciones, tiene diferentes tipos de propietarios, tiene un número ilimitado de miembros y tiene extranjeros como miembros. (Es parecida a una "Limitada" de Latinoamérica).

Desventajas. Las LLC pagan impuestos al Seguro Social sobre todas las ganancias (hasta un cierto límite) mientras que las utilidades de una corporación S están exentas del impuesto del Seguro Social.

Asociaciones (Sociedades) Limitadas

Características. Una asociación (sociedad) limitada también tiene características similares tanto a la corporación como a la sociedad. Hay *socios generales* que tienen control y responsabilidad limitada, y hay *socios limitados* que sólo ponen dinero y cuya responsabilidad es limitada sobre lo que pagaron por su porción de la sociedad (como las acciones de una corporación).

Ventajas. Socios limitados que no tienen control del negocio ni responsabilidad por sus deudas pueden contribuir al capital.

Desventajas. Una gran desventaja es el alto volumen de expensas al empezar. También, se requiere un amplio acuerdo de participación en la sociedad porque los socios generales son personalmente responsables por las deudas de la sociedad y por los actos de cada uno de los otros. (Una solución a este problema es usar a la corporación como el socio general.)

Procedimientos para Iniciar un Negocio

Los procedimientos para iniciar un negocio difieren entre las diferentes formas de negocios.

Dueño

En un negocio de un propietario o dueño, todas las cuentas, propiedades y licencias llevan el nombre del dueño. (Ver Capítulo 3 para el uso de un nombre ficticio.)

Sociedad Colectiva

Para constituir una sociedad, se debe preparar un acuerdo por escrito para detallar los derechos y obligaciones de las partes. Puede estar registrada en el estado pero no es requerido. La mayoría de las cuentas, propiedades y licencias pueden estar en el nombre de la sociedad o de los socios.

Corporación

Para formar una corporación, se deben presentar a la Secretaría de Estado un *Pacto Social* (*Artículos de Asociación*) y una suma en concepto de honorarios por presentarlos. Luego, se debe celebrar una junta de la organización. En esa reunión, se eligen funcionarios, se emiten acciones y se cumplen otras formalidades para evitar que la entidad corporativa se anule más adelante y quede como que nunca se hubiera formado. Las licencias y las cuentas llevarán el nombre de la corporación. Una o más personas pueden formar una corporación con fines lucrativos, pero para formar una corporación sin fines de lucro, se necesitan por lo menos tres personas.

Sociedad de Responsabilidad Limitada

Una o más personas pueden formar una sociedad de responsabilidad limitada presentando el *pacto social* (*artículos de la organización*) ante la Secretaría de Estado. Las licencias y las cuentas llevan el nombre de la compañía.

Asociación (Sociedad) Limitada

Se debe preparar un acuerdo escrito de asociación limitada y registrarlo ante la Secretaría de Estado, así como también un extenso documento de declaración que se les dará a todos los posibles socios limitados. Debido a la complejidad de las leyes de seguridad y las penalidades judiciales por violación, sería muy conveniente que un abogado organizará la asociación (sociedad) limitada.

Ciudadanos Extranjeros

Aquellas personas que no son ciudadanos ni residentes permanentes legales de los Estados Unidos están libres de formar cualquier tipo de organización de negocios en los Estados Unidos. Cuando los extranjeros deseen iniciar su negocio hay dos temas legales que deben tener en cuenta:

el estado legal inmigratorio y la forma apropiada de informar que son dueños extranjeros de negocios.

Estatus Inmigratorio

El ser dueño de un negocio en los Estados Unidos no le confiere derechos a entrar o permanecer en los Estados Unidos automáticamente. Hay disponibles diferentes tipos de visas para los inversores y los dueños de negocios y cada uno de ellos tiene requerimientos estrictos.

Una visa para entrar a los Estados Unidos puede ser permanente o temporaria. Las visas permanentes para dueños de negocios generalmente requieren inversiones de $500.000 a $1.000.000 de dólares que resulta en la creación de nuevos trabajos. Sin embargo, hay maneras de obtener visas para inversiones más pequeñas si están bien estructuradas.

Los dueños de negocios pueden usar las visas temporales para entrar a los Estados Unidos; no obstante, éstas son más difíciles de obtener porque el extranjero debe probar que no hay residentes estadounidenses calificados para realizar el trabajo.

Los negocios estadounidenses que son dueños de propiedades (bienes raíces) y están controlados por extranjeros requieren la presentación de ciertos reportes federales bajo el *Acta de Encuestas para Inversiones Internacionales,* el *Acta de Declaración de Inversiones Agrícolas Extranjeras,* y el *Acta de Inversiones Extranjeras en Impuestos de Propiedades Inmuebles* (*FIRPTA*). Si esas leyes se aplican a su negocio, consulte un abogado que se especialice en negocios estadounidenses cuyos dueños son extranjeros.

Tabla Comparativa Comercial

	Único Dueño	Sociedad Colectiva	Asociación Limitada	Compañía de Responsabilidad Limitada	Corporación S y C	Sin Fines de Lucro
Protección de Responsabilidad	No	No	Para determinados socios	Para todos los miembro	Para todos los accionistas	Para todos los miembros
Impuestos	Está sujeto a	Está sujeto a	Está sujeto a	Está sujeto a	Corp. S está sujeto Corp C paga impuestos	No en ingresos, empleados pagan sobre salarios
Cantidad Mínima de Miembros	1	2	2	1	1	3
Costos para Empezar (Honorarios)	Ninguno	$50 dólares opcionales	$35 más $7 por $1000 dólares. Mínimo $87,50	$125 dólares	$70 dólares	$70 dólares
Honorarios Anuales	Ninguno	$25 dólares opcionales	$103,75 más $7 por $1000 dólares Mínimo $156,25	$50 dólares	$150 dólares	$61,25 dólares
Diferentes Clases de Dueños	No	Sí	Sí	Sí	Corp. S—No Corp. C—Sí	No dueño; dif. clases de socios
Sobrevivientes Luego de Muerte	No	No	Sí	Sí	Sí	Sí
Mejor Para:	Una persona, negocio de bajo riesgo o sin bienes	Negocio de bajo riesgo	Negocio de bajo riesgo con socio capitalista	Todo tipo de negocios	Todo tipo de negocios	Educacional

Lista de Verificación para Poner en Marcha su Negocio

☐ Preparare un plan
  ☐ Lea todas las publicaciones que sean relevantes al tipo de negocio que usted desee
  ☐ Lea todo sobre normas y leyes que afecten a ese tipo de negocio
  ☐ Calcule si su plan producirá ganancias
  ☐ Planee financieramente las fuentes de su capital
  ☐ Planee el origen de sus mercancías o servicios
  ☐ Planee sus esfuerzos comerciales
☐ Escoja el nombre de su negocio
  ☐ Verifique nombres de otros comercios y asociaciones
  ☐ Registre su nombre, asociación etc.
☐ Decida la forma del negocio
  ☐ Prepare y presente los documentos pertenecientes a la organización
  ☐ Prepare y presente un nombre ficticio si es necesario
☐ Elija la ubicación
  ☐ Verifique los competidores
  ☐ Verifique las reglamentaciones urbanísticas
☐ Obtenga las licencias necesarias
  ☐ ¿Ciudad?   ☐ ¿Estado?
  ☐ ¿Condado?   ☐ ¿Federal?
☐ Decida sobrebanco(s)
  ☐ Cuenta de cheques
  ☐ Procedimiento de tarjetas de créditos
  ☐ Préstamos

☐ Obtenga los seguros necesarios
  ☐ Compensación de Trabajadores ☐ Automóvil
  ☐ Responsabilidad ☐ Salud
  ☐ de Vida/Discapacidad ☐ Peligros
☐ Presente los registros pertinentes de impuestos federales
☐ Presente las inscripciones de impuestos estatales necesarias
☐ Establezca un sistema de libros contables
☐ Planee sobre la contratación de empleados
  ☐ Consiga los pósters requeridos
  ☐ Adquiera o prepare la solicitud de empleo
  ☐ Obtenga los formularios para nuevas contrataciones de empleados
  ☐ Prepare las reglamentaciones de trabajo
  ☐ Determine la responsabilidad con respecto a las leyes de seguridad y salud (médicos)
☐ Planee la apertura (del negocio)
  ☐ Obtenga todos los equipos y materiales necesarios
  ☐ Obtenga el inventario necesario
  ☐ Haga toda la investigación de mercado y publicidad necesaria
  ☐ Obtenga los formularios y acuerdos necesarios
  ☐ Prepare las reglamentaciones de su compañía referentes a devoluciones de mercancías, intercambios y devolución de dinero

Capítulo 3

Dándole un Nombre a su Negocio

Antes de decidir el nombre de su negocio, usted debe asegurarse que no lo tiene alguien más. Muchos empresarios han gastado miles de dólares en publicidad y en imprimir folletos, para tener que tirar todo por la borda porque otra empresa ya tenía el nombre. Una compañía que sea dueña del nombre lo puede llevar a corte y forzarlo a que deje de usar ese nombre. También puede demandarlo por daños y prejuicios si la compañía cree que el hecho de que usted ha usado su nombre le ha costado una pérdida financiera.

Consideraciones Preliminares

Si piensa llevar un pequeño negocio local sin planes de expansión, es importante que al menos vea si el nombre ha sido registrado. Si alguien más está usando ese mismo nombre en cualquier parte del país y lo ha registrado como marca registrada federal, puede hacerle juicio si usted lo usará. Si su plan es expandirse o trabajar en el ámbito nacional, entonces debe hacer una investigación mas profunda sobre el nombre.

Los primeros lugares a mirar son en la guía telefónica local y en los registros oficiales de su condado. Después, debe verificar con la oficina de la Secretaría de Estado para ver si alguien ha registrado un nombre ficticio o de corporación que sea el mismo o que pueda confundirse por ser similar, al que usted ha escogido. Puede llamarlos o visitar su sitio por Internet.

Para hacer una investigación nacional, debería revisar los directorios comerciales de las ciudades principales, los cuales se pueden encontrar en las bibliotecas y son libros de referencia que generalmente no se pueden sacar. El *Directorio de Nombres Comerciales* es un grupo de dos volúmenes compilados de muchas fuentes y publicado por Gale Research Co.

Si tiene acceso al Internet, puede buscar todas los listados de las páginas amarillas de USA en muchos sitios sin cargo adicional. Uno de los sitios es **www.infoseek.com** y le ofrece averiguarlos gratis en las páginas amarillas por todos los estados al mismo tiempo. Puede también usar **www.google.com** para ver si el nombre de su compañía está en alguna parte del Internet.

Para asegurarse que su uso del nombre no está violando los derechos de la marca registrada de alguien más, haga una investigación de marcas registradas en la Oficina de Marcas Registradas y de Patentes de los Estados Unidos (PTO). La PTO coloca las marcas registradas allí y usted puede revisarlas en el **www.uspto.gov/tmdb/index.html**.

Si no tiene acceso al Internet, puede investigar en una biblioteca pública o que uno de los empleados ordene una investigación en línea por un pequeño precio. Si no disponen de este servicio, usted puede investigar a través de una empresa. Una de ellas ofrece investigaciones de 100 directorios comerciales y de 4800 guías telefónicas.

Government Liaison Services, Inc.
200 North Glebe Road
Suite 321
Arlington, VA 22203
800-642-6564

La mejor manera de asegurarse de que el nombre que usted está usando no está ya siendo usado por alguien, es el inventar un nombre. Nombres como Xerox, Kodak y Exxon fueron inventados y no tenían ningún significado antes de ser usados. Recuerde que hay millones de negocios y aún algo que usted invente puede estar ya en uso. De todas maneras, haga su investigación.

Nombres Ficticios

En la mayoría de los estados, excepto que haga negocios en su propio nombre legal, debe registrar el nombre que está usando, llamado *nombre ficticio*. Cuando se usa un nombre ficticio, se está "negociando como" (d/b/a) cualquiera que sea el nombre que se haya escogido usar. Contáctese con la oficina del registro de la propiedad del condado (o equivalente gubernamental), donde va a estar negociando para obtener información específica y cualquier formulario determinado.

Es una fechoría (delito menor) el no registrar el nombre ficticio y usted no puede hacerle juicio a nadie si no está registrado. Si alguien lo enjuicia y usted no está registrado, posiblemente tenga que pagar los honorarios de los abogados y los costos de la corte.

Si su nombre es *Juan López* y tiene un negocio de carpintería y albañilería, puede operar bajo el nombre de *Juan López, Albañil* sin registrarlo; pero cualquier otro uso de un nombre debe registrarlo, como por ejemplo:

Albañilería López	Compañía de Albañilería López
Compañía López	Albañilería Luz del Sol de USA

Ejemplo: Legalmente, usted usaría el nombre completo, "Juan López negociando como (d/b/a) Albañilería López"

No puede usar las palabras "corporación," "incorporado," "Corp.," ni "inc." excepto que sea una corporación. Sin embargo, las corporaciones no tienen que registrar el nombre que están usando excepto que sea diferente a su nombre corporativo registrado.

Para registrar un nombre ficticio, usted debe primero poner un aviso notificando que intenta usar ese nombre. Coloque el aviso en un diario o periódico de circulación general en el condado donde usted vaya a mantener el principal movimiento comercial. El aviso sólo necesita publicarse una vez y, típicamente se colocaría en la sección de clasificados bajo "Noticias Legales" y podría leer así:

AVISO DE NOMBRE FICTICIO

Este aviso notifica aquí que el abajo firmante, decidiendo hacer negocios bajo el nombre de COMPAÑÍA LÓPEZ intenta registrar el nombre con el Funcionario del Tribunal Superior de Cualquier Ciudad, EEUU 12345

JUAN LÓPEZ	Dueño del 75%
JAIME LÓPEZ	Dueño del 25%

Juan López, 123 Calle Principal, Cualquier Ciudad, EEUU 12345

Debería comparar los precios de los anuncios antes de colocar el aviso. Muchos condados tienen periódicos semanales que se especializan en avisos legales y cobran un tercio de lo que cobrarían los grandes periódicos. Busque en los kioscos de revistas y noticias, especialmente alrededor de las cortes.

Después que haya salido el aviso, usted debe presentar algún tipo de solicitud para registrar del nombre de su empresa. A diferencia de los nombres corporativos y marcas registradas que están cuidadosamente seleccionados por la Secretaría de Estado para evitar las duplicaciones, se acepta registrar nombres ficticios sin importar quién más pueda estar usando el nombre. Si usted solicita el registro de la marca registrada o nombre corporativo, la Secretaría de Estado le revisará todos los otros registros y rehusará registrarlo si el nombre o uno similar ya está registrado. El registro de un nombre ficticio no confiere ningún derecho al nombre del que lo inscribe; simplemente notifica al mundo qué personas están detrás de ese negocio. Por lo tanto, la Secretaría de Estado le permitirá a cualquiera registrar cualquier nombre, aún si hay otros 100 que ya lo hayan registrado bajo el mismo nombre.

Como se mencionó anteriormente, usted debería investigar si alguien más ya está usando el nombre que usted intenta emplear. Aún personas que no han registrado un nombre pueden adquirir algún tipo de derechos legales sobre ese nombre, simplemente por usarlo.

Algunos negocios tienen requerimientos especiales para registrar sus nombres ficticios. Por ejemplo, antes de obtener su licencia del estado, una agencia privada de investigación debe obtener un permiso del Departamento de Negocios y Regulación Profesional para usar el nombre que propone. Otros negocios pueden tener requerimientos similares.

Nombres Corporativos

Una corporación no tiene que registrar un nombre ficticio porque ésta ya tiene un nombre legal. El nombre de la corporación debe contener una de las siguientes palabras:

Incorporada	Inc.
Compañía	Co.
Corporación	Corp.

No es aconsejable usar sólo la palabra "Compañía" o "Co." porque los negocios no incorporados también usan estas palabras; por lo tanto, una persona que trate con usted puede no darse cuenta de que usted está incorporado. Si eso ocurre, usted puede terminar teniendo responsabilidad personal por deudas corporativas Usted puede usar una combinación de dos palabras, como ABC Co., Inc.

Si el nombre de la corporación no contiene una de las palabras mencionadas arriba, será rechazada por la Secretaría de Estado. También será rechazado si el nombre que escoge ya está tomado o es similar al de otra corporación, o si usa una palabra prohibida como "Banco" o "Institución Fiduciaria."

Si el nombre que usted selecciona ya lo escogió otra empresa, es posible que usted pueda cambiarlo un poquito y que se lo acepten. Por ejemplo, si ya existe una Tapicería Tres Ciudades, Inc. y está en un condado diferente, se le puede permitir que use Tapicería Tres Ciudades del Condado Libertad, Inc.; pero aún cuando la Secretaría de Estado lo haya aprobado, la otra tapicería puede demandarlo si el negocio está cerca del de ellos y puede existir confusión.

Otra cosa, no imprima nada con su nombre de negocios hasta que no haya sido finalmente aprobado. Si se registra en línea (por computadora), usted recibirá un email de aprobación sobre los artículos que están presentados. Si usted lo envía por correo, debería esperar hasta recibir la copia sellada con la fecha en que fue registrado.

Si una corporación quiere hacer negocios bajo un nombre diferente de su nombre incorporado, puede registrar un nombre ficticio como "Corporación López d/b/a Industrias López." Sin embargo, si el nombre hace creer a la gente que el negocio no es una corporación, se puede perder el derecho a responsabilidad limitada. Si usted usa ese nombre, debe estar siempre acompañado por el nombre corporativo.

La Palabra "Limitada"

Las palabras *Limitada* o *Ltd.* No se deben usar a menos que la entidad sea una sociedad limitada o una empresa de responsabilidad limitada. Si una corporación desea usar la palabra limitada en su nombre, también debe usar una de las palabras corporativas o abreviaturas como *incorporada* o *corp.*

Nombre de Dominio

Debido a los rápidos cambios del Internet, todavía no se han decidido todas las reglas referentes a los nombres de Internet. Originalmente, la primera persona que reservaba un nombre, era el dueño, ansiosas empresas compraron los nombres de la mayoría de las corporaciones de Fortune 500. Luego, unas pocas corporaciones fueron a corte y la regla que se determinó fue que si una empresa tenía la marca registrada para un nombre, esa empresa podía detener a alguien que quisiera usarlo si la otra persona no tenía marca registrada. Más recientemente, el Congreso hizo ilegal que los "cybersquatters" registraran los nombres de personas y compañías famosas.

Usted no puede obtener una marca registrada simplemente por usar un nombre de dominio. Las marcas registradas se otorgan por el uso de un nombre en el comercio. Una vez que usted tiene una marca registrada válida, puede sentirse seguro de usarlo como su nombre de dominio.

En años recientes se crearon varios altos niveles de dominio (TLDs) nuevos. TLDs son las últimas letras (en ingles) del URL (localizador uniforme de recursos o investigaciones), así como ".com" y ".net." Ahora usted también puede registrar nombres con estos TLDs:

- .biz

- .cc

- .info

- .nombre (name)

- .ws

Uno de los mejores lugares para registrar el nombre de dominio es **www.registerfly.com**. Si su nombre ya existe, automáticamente le sugieren nombres relacionados que puedan funcionar para usted y su precio para registrarse es menor que en la mayoría de otros sitios.

Si desea proteger su nombre de dominio, lo mejor que puede hacer es obtener una marca registrada para el mismo. Para hacer eso, usted tendría que usarlo en su mercadería o servicios. La siguiente sección le da información básica sobre marcas registradas. Para averiguar si un nombre de dominio está disponible, debe ir a:

www.whois.net

Marcas Registradas

A medida que su negocio forma clientela, el nombre va a ser más valioso y usted va a querer protegerlo de otros que puedan querer copiarlo. Para proteger un nombre que se utiliza para describir su mercadería o servicios, usted puede registrarlo como *marca registrada* (para mercadería) o una *marca de servicios* (para servicios) con la Secretaría de Estado de su estado o con la Oficina de Registros y Patentes de los Estados Unidos.

Usted no puede obtener una marca registrada para el nombre de su negocio, pero puede registrar la marca del nombre que usa en su mercadería o servicios. En la mayoría de los casos, usted usa el nombre de la empresa en su mercadería o artículos como la marca registrada. En efecto, protege el nombre de su empresa. Otra forma de proteger el nombre de su empresa es incorporarlo.

El registrar el nombre en el estado sería útil sólo si usted quisiera usar la marca registrada dentro de un estado en particular. Los registros federales protegerían su marca en cualquiera de los estados del país. El registrar la marca le permite el uso exclusivo de la marca para el tipo de artículo o mercadería para la que usted lo está registrando. La única excepción es para personas que ya hayan estado usando la marca. Usted no puede detener a personas que hayan estado usando la marca antes de que usted la registre.

Capítulo 4

Cómo Financiar su Negocio

La forma de financiar su negocio está determinada según lo rápido que usted quiera que su negocio crezca y cuánto riesgo de fracaso puede manejar. El permitir que el negocio crezca por sus propias entradas es la forma más lenta de crecer pero la más segura. Obtener un préstamo personal contra la casa para expandirse rápidamente es la forma más fácil aunque la más arriesgada de crecer.

Creciendo con las Ganancias

Muchos negocios exitosos empezaron con poco dinero y utilizaron las ganancias para expandirse más y más. Si usted tiene otra entrada (como ser un trabajo o una familia) puede poner todas las utilidades de su nuevo negocio para el crecimiento del mismo.

Algunos negocios empezaron como pasatiempos o còmo aventuras temporarias los fines de semana mientras el empresario tenía un trabajo a tiempo completo. Muchos tipos de servicios o artículos pueden empezar de esa manera. Aún algunas corporaciones millonarias como las Computadoras (ordenadores) Apple empezaron así.

Esto le permite probar su idea con poco riesgo. Si se da cuenta de que no sirve para manejar ese tipo de negocio, o que el lugar o el momento no es adecuado para su idea, todo lo que perdió es el tiempo que pasó y el capital que puso al principio para empezar.

Sin embargo, un negocio sólo puede crecer hasta cierto punto de sus propias ganancias. En muchos casos, a medida que el negocio crece, llega un momento cuando las órdenes son tan grandes que se debe pedir dinero prestado para hacer los artículos que las complete. Con éste tipo de órdenes se corre el riesgo de que si el cliente no tiene el dinero para pagar o se declara en bancarrota, el negocio también fracasa. En cierto momento, el dueño del negocio debe investigar el valor del crédito del cliente y sopesar los riesgos.

Algunos negocios han crecido rápidamente, algunos han fracasado y otros han decidido no tomar el riesgo y han permanecido chicos, sin crecer. Se puede preocupar de eso más adelante.

Utilizar sus Ahorros
Si tiene ahorros que puede aprovechar para poder empezar su negocio, ésa es la mejor fuente. No tendría que pagar altas tasas de interés y no se tiene que preocupar de devolverle el dinero a nadie.

Equidad Sobre su Casa

Si usted es dueño de su casa desde hace varios años, es posible que su patrimonio haya crecido sustancialmente y pueda sacar una segunda hipoteca para financiar su negocio. Si usted ha vivido en su casa por un largo tiempo y tiene un buen historial en pagar sus cuentas, algunos prestamistas le pueden hacer una segunda hipoteca que exceda el patrimonio. Recuerde, sin embargo que, si su negocio fracasa, puede perder su casa.

Cuentas de Retiro

Tenga cuidado de pedir prestado utilizando los ahorros para su retiro. Hay penalidades de impuestos por pedir prestado de ciertas cuentas de retiro. También, su futura seguridad financiera puede perderse si su negocio no tiene éxito.

Pedir Dinero Prestado

Es sumamente tentador recurrir a otros para obtener el dinero para empezar un negocio. El riesgo de fallar es menos preocupante y la presión es menor, pero ése es el problema al pedir prestado. Si el dinero es de otros, usted no tiene el mismo incentivo de triunfar como si estuviera arriesgando todo lo que tiene.

En realidad, debería estar aún más preocupado cuando use el dinero de otros. Su reputación debería ser más valiosa que el dinero mismo, el cual siempre se puede reemplazar. Sin embargo, ése no es siempre el caso. ¿Cuánta gente pide prestado una y otra vez de sus padres para poner una empresa comercial que luego fracasa?

Familia

Dependiendo de cuánto dinero su familia pueda darle, puede ser la fuente de recursos financieros más agradable o más desagradable para usted. Si se le ha asegurado una gran herencia y sus padres tienen más fondos de los que necesitan para vivir, quizás usted desee pedirles prestado de su herencia sin preocuparse. Sería su dinero de todas maneras y lo necesita mucho más ahora que en diez o veinte años más. Si lo pierde todo, es su propia pérdida.

En cambio, si para financiar su plan de hacerse rápidamente rico le pide prestado a su madre, quien es viuda y tiene una única fuente de ingreso o si ella tiene un certificado de depósito (CD) del cual vive, debería pensarlo dos veces. Considere todas las verdaderas razones por las que su empresa no tendría éxito y qué es lo que su madre haría sin esa entrada de dinero.

Amigos

Pedir prestado de los amigos es como pedírselo a los miembros de su familia. Si usted sabe que tienen los fondos disponibles y pueden absolver una pérdida, puede arriesgarse, pero si lo que le prestaran fueran los únicos recursos que ellos tienen, no se aventure.

Los problemas financieros pueden ser el peor enemigo en una relación, ya sea una amistad casual o una relación romántica. Antes de pedir prestado a un amigo o amiga, trate de imaginar qué es lo que pasaría si no le pudiera pagar y cómo se sentiría si causara el fin de su amistad.

La situación ideal sería que su amigo fuera su coaventurero en el negocio y así el peso no estaría totalmente sobre sus hombros y se podría comprobar cómo se usaron los fondos. Aún así, debe darse cuenta de que tal riesgo pondría más tensión en la relación.

Bancos

En cierta forma, el pedir un préstamo a un banco puede ser más fácil puesto que no tiene una relación personal con ellos como la tiene con un amigo o con un familiar. Si fracasa, le cortan el préstamo en lugar de desheredarlo.

Sin embargo, un banco también puede ser la entidad más desagradable a quien pedirle prestado porque le van a demandar proyecciones reales y le exigirán que rinda. Si no cumple sus expectativas, pueden quitarle el préstamo cuando más lo necesite.

Lo bueno cuando uno pide un préstamo bancario es que le van a exigir que haga su tarea. Debe demostrarles que tiene planes que tengan sentido para el banquero. Si aprueban su préstamo, usted ya sabe que sus planes son, al menos, razonables.

Los préstamos bancarios no son fáciles ni baratos. Usted va a estar pagando una tasa de interés y va a tener que poner colateral. Si su negocio no tiene equipo ni cuentas por cobrar, pueden pedirle que ponga su casa u otra propiedad personal para garantizarle el préstamo.

Es más fácil tratar con los bancos cuando usted recibe un préstamo de la Administración de Pequeños

Negocios (SBA). Eso se debe a que la SBA garantiza que le pagará al banco si usted no cumple con el pago del préstamo. Los préstamos de la SBA se obtienen a través de las sucursales de los bancos locales.

Tarjetas de Crédito

Pedir dinero contra una tarjeta de crédito puede ser una de las maneras más rápidas de financiar un negocio, pero también puede ser una de las más caras. Las tasas pueden subir más del veinte por ciento, aunque muchas tarjetas ofrecen tasas más bajas y alguna gente consigue muchas tarjetas. Ciertos negocios exitosos han usado las tarjetas de crédito de sus socios para comenzar o para hacer frente en momentos donde hay poco dinero en efectivo, pero si el negocio no lo genera rápido, se puede ir a la quiebra muy pronto. Una buena estrategia es sólo usar las tarjetas de crédito para cosas que se necesitan a largo plazo como una computadora o algo que pueda generar dinero en efectivo rápido, como comprar el inventario para llenar una orden. No use tarjetas de crédito para hacer pagos que no generen ingresos.

Conseguir un Socio Rico

Uno de las mejores combinaciones es un joven empresario con ideas y ambición y un inversor retirado con experiencia en negocios y dinero. Juntos pueden aportar todo lo que se necesita en una empresa.

¿Cómo encontrar a ese socio? Hay que ser creativo. Primeramente, usted debería haber investigado el tipo de negocio en que quiere empezar y conocer a otros que hayan estado en tales negocios. ¿Hay alguno de ellos que tengan socios que se hayan jubilado en los últimos años? ¿Alguno de ellos planea retirarse prósperamente de la empresa?

Vender Acciones de su Negocio

Los inversores silenciosos son la mejor fuente de capital para su negocio. Usted retiene control absoluto del negocio y, si fallara, no tiene obligación hacia ellos. Desdichadamente, pocos inversores silenciosos están interesados en formar una nueva empresa. Es sólo después que usted haya probado que su idea puede ser exitosa y que haya logrado construir una gran empresa, que va a poder atraer a esos inversores.

La forma más común de obtener dinero de los inversores es emitirles acciones. Para ello, el mejor tipo de entidad comercial es la corporación. Le da a usted flexibilidad casi ilimitada en el número y tipo de división de acciones que pueda emitir.

Cómo Entender las Leyes de Valores

Existe un gran problema cuando se venden acciones en su empresa y eso implica todas las regulaciones estatales y federales con las que usted debe cumplir. Tanto el gobierno federal como los estatales tienen leyes largas y complicadas en cuanto a la venta de *valores*.

Básicamente, los valores (títulos) se han puesto en existencia para cualquier caso en el cual una persona le provea dinero a otra con la expectativa de que vaya a obtener un beneficio a través del esfuerzo de esa persona. Esto se puede referir a cualquier situación en la cual alguien compre acciones de su negocio o le dé un préstamo para su negocio. Lo que las leyes requieren es la revelación de los riesgos implicados y, en algunos casos, el registrar los valores con el gobierno. Hay algunas excepciones, tales como pequeñas cantidades de dinero y para un número limitado de inversores.

Las penalidades por violación de las leyes de valores son severas, incluyendo perjuicios triples y condena a prisión. Usted debería consultar con un especialista en leyes de títulos antes de emitirlo. A menudo se puede obtener una consulta introductoria a precios razonables para enterarse de sus opciones.

Capítulo 5

La Ubicación del Negocio

El lugar perfecto para su comercio lo determinará el tipo de negocios que va a realizar y cuan rápido quiera usted que éste se desarrolle. Para ciertos tipos de negocios, la ubicación no será tan importante para que tenga éxito o fracase; en otros casos esto será un punto crucial.

Trabajando en su Casa

Iniciar un negocio desde la casa puede ahorrarle los gastos de renta, electricidad, seguro y otros costos que se originan si tuviera que abrirlo en otro lado. Para algunas personas esto es ideal, y pueden así combinar sus obligaciones relacionadas con la casa y el negocio fácil y eficientemente. Para otras personas esto es un verdadero desastre. El conjugue, los niños, los vecinos, la televisión y los quehaceres de la casa pueden ser tan absorbentes que resultaría muy difícil realizar cualquier otro tipo de trabajo.

Debido a que las tarifas residenciales son usualmente más bajas que las de las líneas comerciales, mucha gente utiliza su línea telefónica residencial para conducir negocios o agrega una segunda línea. Sin embargo, si usted desea estar en las páginas amarillas del directorio, necesitará tener una línea comercial en su casa. Si usted tiene dos o más tipos de comercios, es posible que usted pueda agregarle estos nombres como una inscripción adicional sobre el número original, evitando así pagar por otra línea de negocios.

También usted puede pensar si el tipo de negocio que quiere empezar es compatible con una oficina en su casa. Por ejemplo, si su negocio consiste principalmente en hacer llamadas telefónicas o llamar a clientes, entonces su casa podría ser el lugar apropiado desde donde conducirlo. Si necesita que sus clientes le visiten diariamente o si deben enviarle o retirale mercaderías utilizando medios de transporte como por ejemplo un camión o furgoneta, entonces usted no debería considerar su casa como el lugar ideal.

Cuando se Trata de Elegir un Local

Para la mayoría de negocios que venden mercaderías al por menor, la ubicación es de primera importancia. Las cosas que se deben tener en cuenta son cuan cerca de usted están sus posibles clientes, cuan visible está para el público y cuan fácilmente accesible se encuentra tanto para los autos como para los peatones. La atracción y la seguridad también deberían considerarse.

La ubicación podría ser de menor importancia para un negocio que fuera el único en su tipo dentro del área. Por ejemplo, si hubiera solamente un vendedor de partes de ciclomotores, o un restaurante armenio en el área metropolitana, la gente debería dirigirse adónde usted estuviera para obtener sus productos o servicios. No obstante, aun con ese tipo de negocios, tenga presente que existe la competencia. La gente que desea comprar partes de ciclomotores pueden obtenerlas por correo y los clientes del restaurante pueden elegir otro tipo de cocina.

Usted debe buscar en el directorio todos los comercios como el que planea abrir y marcarlos en un mapa. Para algunos negocios como ser, una tintorería a usted le convendría estar lejos de las otras. Pero para otros negocios como un negocio de antigüedades, usted querría estar cerca de los otros. (Generalmente, los negocios de antigüedades no tienen la misma mercadería, no hay competencia entre ellos y a la gente le gusta ir a un "barrio de antigüedades" y visitar todos los negocios.)

Tomando la Decisión sobre Donde Ubicar la Oficina, la Fábrica o el Depósito

En el caso de que sus clientes no tuvieran que venir a verle periódicamente a su negocio para realizar transacciones comerciales, el hecho de ubicarlo cerca de los clientes no sería tan importante y usted probablemente ahorraría dinero ubicándolo lejos del ocupado tráfico de los grandes distritos comerciales. No obstante, debe considerar la conveniencia para los empleados y no ubicarlo en un área que no sea atractiva para ellos, ni muy lejos del lugar donde quisieran vivir.

Para las operaciones de una fábrica o depósito, usted debería considerar la distancia cercana a una oficina de correos, línea de trenes o compañía de acarreo (camionaje). En caso de que en la zona se encontraran disponibles varios lugares, usted deberá tener en cuenta cuál es el que abre mas temprano o el que tenga horarios más convenientes para la empresa de transporte o los mensajeros que usted planea utilizar.

Cuando se Trata de Alquilar el Sitio

El contrato del espacio puede ser uno de los gastos más caros para un pequeño negocio, así que usted debería hacer muchas averiguaciones antes de firmarlo. Hay una cantidad de términos en un contrato de alquiler comercial que pueden levantar o destruir su negocio. Los siguientes son los más críticos.

Reglamentaciones urbanísticas. Antes de firmar un contrato usted debería asegurarse de que las reglamentaciones urbanísticas de la zona (donde esté ubicado el negocio) le permitan realizar todo lo que su negocio necesite.

Limitaciones o restricciones. En algunos centros comerciales, los inquilinos existentes tienen garantías para prevenir que los otros inquilinos puedan competir con ellos. Por ejemplo, si usted desea abrir un restaurante y panadería le pueden prohibir la venta de pan para llevar si el supermercado tiene panadería y el contrato contiene una cláusula de no-competencia.

Letreros. Los letreros comerciales están regulados por las leyes de las reglamentaciones urbanísticas, leyes para letreros y restricciones de la propiedad. Si usted alquila en una ubicación escondida sin posibilidades para una adecuada señalización, su negocio tendrá muchísimo menos posibilidades de éxito que con una visible ubicación o un letrero más grande.

Acatamiento de ADA. El *Acta de los Discapacitados Americanos* (ADA) requiere que se deben hacer adaptaciones razonables para que los discapacitados puedan tener acceso al negocio. Cuando un comercio es remodelado se requieren muchos más cambios que cuando no se remodela. Cuando se trata de alquiler un espacio debe asegurase que el negocio está observando las leyes o que el propietario se hará responsable del acatamiento. Deberá estar atento del costo completo que deberá afrontar.

Expansiones. A medida que su negocio crezca, es posible que necesite agrandar su negocio. El momento en que se debe dar cuenta de las opciones que tiene, es antes de firmar el contrato. Quizás usted pueda prepararse para alquilar unidades adyacentes cuando esos contratos se hayan vencido.

Renovación. Para algunos comercios la ubicación es la llave del éxito. Si usted ha pasado cinco años desarrollando su clientela, no deseará que alguien se apoderare de su local al finalizar su contrato. Por lo tanto, debe tener una cláusula de renovación en su contrato. Generalmente, ésta le permite un incremento en la renta que se basa en la inflación.

Garantía, o garante. La mayoría de los propietarios de locales comerciales no alquilan a pequeñas corporaciones sin una garantía personal sobre el contrato. Esta situación es bastante riesgosa de realizar para los nuevos comerciantes. La duración del alquiler en un largo período de contrato comercial puede significar cientos de miles de dólares. Si su negocio fracasa, lo último que usted quiere hacer es hacerse responsable personalmente por cinco años de contrato.

Cuando el espacio es escaso o la ubicación es atractiva, el propietario puede obtener los garantes que desee y no hay nada que usted pueda hacer sobre eso (excepto que quizás pueda establecer planeando con anticipación una protección por sus bienes). Pero si hubieran muchas vacantes disponibles o el movimiento de alquileres fuera bajo, a menudo se puede negociar, liberándose así de presentar garantías Si el contrato es por cinco años, quizás usted pueda hacer que solo le pidan garantía por el primer año de contrato. Solicítelo.

Obligaciones para abrir el negocio. Algunos centros comerciales tienen regulaciones que requieren que todos los negocios abran a ciertas horas. Si usted no puede pagar empleados para cumplir con este requisito o si tiene razones religiosas o de otro tipo que le pueden causar problemas, debería negociar esta cláusula del contrato para liberarse del mismo o buscar otra ubicación.

Subalquilar. En algún momento, usted puede decidir vender su negocio, y en muchos casos la ubicación es el aspecto comercial más valioso. Por tal razón debería asegurarse de que tiene derecho a transferir la propiedad o subalquilarla. Si esto es imposible, para evitar la prohibición, puede incorporar (formar una sociedad anónima) su negocio antes de firmar el contrato, y entonces cuando lo vende también vende las acciones. Pero algunas cláusulas del contrato le prohíben la transferencia de "cualquier interés" en el negocio, así que deberá leer muy bien el contrato.

Comprando un Local

Si usted tiene experiencia como dueño de propiedades de alquiler, probablemente le interese más comprar un local para su negocio. Si no tiene experiencia con agencias inmobiliarias, probablemente usted debería alquilar y no envolverse con el costo extra y las responsabilidades adicionales que se presentan al ser propietario.

Una de las razones para comprar su local es que usted puede incrementar su capital. En lugar de pagar renta a un propietario usted puede pagar una hipoteca y eventualmente ser dueño de la propiedad.

Propiedades por separado. Cuando se compra un local o propiedad para abrir el negocio hay un riesgo. Se trata de que si el comercio tiene problemas financieros, los acreedores pueden descontar sus deudas de la propiedad también. Por tal motivo la mayoría de las personas que compran un local para sus negocios mantienen la titularidad fuera de ese particular negocio. Por ejemplo, el comercio es de una corporación y el inmueble le pertenece personalmente al propietario o a un fideicomiso que no esté relacionado con la sociedad.

Expansión. Antes de comprar la propiedad usted debe considerar la posibilidad de crecimiento de su negocio. Suponiendo que se desarrollara rápidamente ¿tendría la posibilidad de expandirse en ese local o debería mudarse? ¿Sería factible que la propiedad de al lado estuviera disponible para la venta en el futuro, en caso de que usted lo necesitara? ¿Tiene alguna otra opción al respecto?

Si el local es una buena inversión aunque usted tenga o no tenga su negocio allí, entonces con el buen sentido de la palabra: ¡Cómprelo! Pero si el propósito principal es para utilizarlo para abrir su comercio, piénselo dos veces.

Reglamentaciones urbanísticas. Algunas de las consideraciones sobre las que hay que reflexionar cuando se desea comprar un local o propiedad son las mismas que las que se hacen cuando se alquila. Usted deberá estar seguro que las regulaciones urbanísticas le permitan ese tipo de negocios que usted quisiera empezar, o que pueda hacer variaciones sin mayores gastos o demoras. Debe comprender que el hecho de que el negocio utilizará el local no significa que usted puede expandir o remodelar el negocio en ese local. Verifique con el departamento de regulaciones urbanísticas qué es exactamente lo que se le permite.

Letreros. Los letreros son otro tema de consideración. Algunas ciudades tienen regulaciones para los letreros y no permiten nuevos o más grandes. Ciertos comercios han utilizado esas leyes para obtener publicidad. Un agente de automóviles a quién se le dijo que quitara algunas de las muchas banderas americanas que tenía en su agencia, presentó una demanda legal al gobierno federal obteniendo el apoyo de toda la comunidad que estuvo de su parte.

Acatamiento de ADA. La obediencia o el cumplimiento de ADA es otra consideración que se debe tener en cuenta cuando se quiere comprar un edificio comercial. Debe buscar información en el Departamento de Edificios acerca del cumplimiento de estas regulaciones o caso contrario, que se necesita hacer para cumplir con esas reglas. Si usted hace remodelaciones, los requisitos quizás sean más estrictos.

NOTA: *Cuando deba tratar con oficiales públicos, tenga presente que ellos no siempre saben lo que es la ley o no le explican acertadamente. A veces tratan de intimidar a la gente para que hagan cosas que no son requeridas por la ley. Lea los requisitos y hágale preguntas a los oficiales si no comprende algo. Busque asistencia legal si los oficiales se niegan a presentarle los conceptos más claros.*

Verificación de Regulaciones Gubernamentales

Cuando esté buscando un local para su negocio, debería investigar las diferentes regulaciones en su área. Por ejemplo, una ubicación fuera de la ciudad o de los límites del condado puede tener bajos costos para la licencia, bajos impuestos por las ventas, y menos requisitos para poner los letreros.

Capítulo 6

Cómo Obtener su Licencia

Algunos condados y ciudades requieren que usted obtenga una licencia ocupacional. Si usted vive en una ciudad puede que necesite las dos; la licencia del condado y de la ciudad. Los negocios que funcionan en distintas ciudades tales como constructores, deben obtener una licencia de cada ciudad en la que trabajan. Sin embargo, no deben conseguirla hasta que actualmente comiencen a trabajar en esa ciudad específica.

Las licencias ocupacionales del condado pueden obtenerse en la oficina de impuestos de la sede de los tribunales del condado. Usualmente las licencias de la ciudad están disponibles en la municipalidad. Antes de comprar o alquilar la propiedad, asegúrese de buscar información en cuanto a si las zonas urbanísticas le permiten realizar ese tipo de negocio. El departamento que otorga licencias verificará las regulaciones urbanísticas antes de otorgarle la suya.

Si usted va a preparar comidas o servirlas, necesitará verificar con el departamento de salud para asegurarse que la propiedad cumple con las regulaciones. En algunas áreas, si se ha servido comida anteriormente en el local no habrá problemas en obtener una licencia. Si nunca se sirvió comida allí, entonces el propietario deberá cumplir con las nuevas regulaciones. Esto puede llegar a ser muy costoso.

Las Operaciones Comerciales desde una Residencia

Ocasionalmente, los problemas se incrementan cuando las personas empiezan sus negocios en sus casas. Los negocios pequeños y nuevos no pueden afrontar la renta de un espacio comercial y las ciudades a menudo tratan de impedir los negocios en una zona residencial. A menudo el hecho de obtener una licencia ocupacional o hacer publicidad de un nombre ficticio le advierte a la ciudad que se está realizando negocios en una zona residencial.

Algunas personas evitan los problemas al empezar sus operaciones comerciales sin obtener su licencia ocupacional, asumiendo que las penalidades por no tener licencia (si fueran descubiertos) son más económicas que el costo que ocasiona un espacio. Otros obtienen su licencia del condado e ignoran las reglamentaciones de la ciudad. Si alguien frecuentemente estaciona su camión y equipos en su propiedad, o recibe y envía mercaderías por medios de transporte, o permite que sus empleados estacionen sus automóviles en la calle, probablemente habrá quejas de los vecinos y muy presumiblemente la ciudad deberá tomar acción legal. Pero si el negocio de la persona consiste meramente en hacer llamadas telefónicas desde su hogar y tiene sus materiales dentro de su casa, el problema nunca pasará a mayores.

Capítulo 7

Las Leyes y los Contratos

Como propietario de un negocio, usted deberá conocer los principios básicos de un contrato para realizar transacciones con vendedores y compradores. Hay mucha confusión acerca de que ley es la que se aplica en cada caso y la gente puede darle información errónea. Si usted confía en esto le puede llegar a costar muy caro. Este capítulo le dará una breve reseña de los principios que aplican a sus transacciones y las trampas que hay que evitar. Si se encuentra con preguntas más complicadas sobre el contrato, consulte con un abogado que sepa de leyes de contratos para pequeños negocios.

La Ley Tradicional de Contrato

Un contrato no es legal a menos que estén presente tres elementos: *oferta, aceptación,* y *consideraciones.* Para su propósito, las cosas más importantes de recordar son las que mencionamos a continuación.

- Si propone una oferta a alguien, puede resultarle en un contrato comprometedor, aunque

usted cambie de parecer o encuentre que fue
una mala operación para usted.

■ No existe contrato a menos que la oferta sea
aceptada y ambas partes acuerden a los mismos
términos.

■ No siempre un contrato deber ser por escrito.
Algunas leyes requieren que ciertos contratos
deban ser escritos, pero, por regla general, un
contrato verbal es legal. El problema es probar
que el contrato existió.

■ Sin causa (el intercambio de algo de valor o una
promesa mutua) un contrato no es válido.

Las regulaciones más importantes para el dueño de un
negocio son las siguientes.

■ *La publicidad no es una oferta.* Supongamos, que
usted ha puesto un aviso en el periódico ofreciendo "Nueva computadora (ordenador) IBM
solamente por $1995." Pero ocurre que hay un
error de imprenta en el anuncio y se lee $19,95.
¿Es posible que alguien venga y le diga, "Yo
acepto, aquí están mis $19,95," creando así un
contrato legal? Afortunadamente no. Las cortes
han reglamentado que el anuncio no es una oferta
que una persona puede aceptar. Es una invitación
para presentarse y proponer una oferta, la cual el
negocio puede aceptar o rechazar.

■ *Se aplica la misma regla para cuando se marcan
los precios con una etiqueta en un ítem.* Si alguien
cambia los precios de las etiquetas en su mer-

cadería, o si usted le pone el precio incorrecto, por ley usted no tiene que vender el artículo a ese precio. Si intencionalmente usted pone el precio incorrecto, puede ser responsable bajo la ley llamada "bait and switch." Esto significa que se usa el precio como anzuelo para atraer a los clientes y luego el comerciante le convence para comprar otro artículo. (Muchos comerciantes aceptan venderle el artículo por el precio marcado incorrectamente simplemente, porque si se niegan puede implicar que no está obrando de buena fe y es muy probable que pierda el cliente.)

■ *Cuando una persona hace un esfuerzo, pueden pasar muchas cosas.* Estableciendo un contrato legal, puede ser aceptado. Puede ser rechazado. Puede expirar antes que haya sido aceptado; puede ser revocado antes de aceptado. Un contrato puede expirar para la fecha en que se hizo la oferta ("Esta oferta permanece vigente hasta el 29 de enero del 2004") o luego de un tiempo razonable. ¿Cuánto tiempo es razonable? Es una pregunta legal que la corte debe decidir. Si alguien le hace una oferta para vender mercaderías, claramente usted no puede aceptarla luego de cinco años. ¿Puede usted aceptarla una semana más tarde o un mes más tarde creando un contrato legal? Eso depende del tipo de mercaderías y de las circunstancias.

■ *Una persona que acepta una oferta no le puede agregar ningún término a ésta.* Si usted ofrece vender un automóvil por $1.000 y la otra parte dice que lo acepta siempre y cuando usted les ponga nuevas ruedas, no hay contrato. Una aceptación con los términos cambiados se considera un rechazo y una contra oferta.

■ Cuando alguien rechaza su oferta y hace una contraoferta, *se puede crear un contrato que se basa en la aceptación de la contraoferta.*

Estas regulaciones pueden afectar su negocio diariamente. Supóngase que por teléfono, usted ofrece venderle algo a un cliente; cinco minutos más tarde otro cliente entra en su negocio y le ofrece más dinero por ese artículo. Para protegerse, usted debería llamar al primer cliente y cancelar la oferta antes de aceptar la segunda opción. Si el primer cliente acepta antes que usted haya revocado la oferta, le pueden iniciar un juicio legal si le ha vendido el ítem al segundo cliente.

Hay pocas excepciones sobre las reglamentaciones básicas de los contratos, y estas son las siguientes.

■ *El consentimiento del contrato debe ser voluntario.* Un contrato no es válido si éste se realiza bajo amenaza. Si un comerciante se niega a darle a una persona el automóvil a menos que le pague $200 por el cambio de aceite. Probablemente, el cliente podría iniciarle juicio y recuperar los $200.

■ *Los contratos para realizar actos ilegales o actos que vayan en contra de las regulaciones públicas no son ejecutables.* Si un electricista firma un contrato para instalar algunos cables en una casa que no es legal, el cliente probablemente no pueda hacer que se termine legalmente el trabajo porque la corte rechazaría obligar el cumplimiento de un acto ilegal.

- *Si cualquiera de las partes de una oferta fallece, la oferta expira y no podrá ser aceptada por los herederos.* Si un pintor fuera contratado para pintar un retrato y se muere antes de completarlo, su esposa no puede terminarlo y solicitar el pago. No obstante una corporación no muere aunque sus dueños fallezcan. Si se contrata una corporación para construir una casa y el dueño (de la corporación) fallece, los herederos pueden encargarse de la corporación, terminar el trabajo y reclamar el pago.

- *Los contratos que se efectúan bajo falso testimonio no son ejecutables.* Por ejemplo, si alguien le dice que un automóvil tiene 35.000 millas y usted descubre luego que tiene 135.000 millas, usted puede rescindir del contrato por fraude y falso testimonio.

- *Si hubiera un error mutuo (por ambas partes), se puede rescindir el contrato.* Por ejemplo, si ambas partes creían que el automóvil tenía 35.000 millas y los dos confiaban en que así era, se puede rescindir del contrato. No obstante si el vendedor sabía que tenía 135.000 millas, pero usted asumió que tenía 35.000 millas y no preguntó, es probable que no pueda rescindir del contrato.

Preparando sus Contratos

Antes de que usted abra un negocio, obtenga o prepare el contrato y los lineamientos generales, que usted deberá utilizar en su negocio. En algunos negocios como los restaurantes no necesitará mucho. Quizás, usted desee un letrero cerca de la entrada que diga "se requiere usar zapatos y camisa" "se servirá la cena hasta las 10:30 p.m. (22:30 hrs) solo a la gente sentada para esa hora."

No obstante, si usted es contratista(o constructor) o se dedica a trabajos similares, necesitará contratos detallados para utilizarlos con sus clientes. Si no detalla específicamente sus derechos y obligaciones, es posible que en algún momento deba ir a corte y pierda miles de dólares de sus ganancias.

Por supuesto, la mejor manera de tener un contrato efectivo es conseguirse un abogado, con experiencia en la materia, para prepararle uno (contrato) que sea apropiado para las necesidades de su negocio. Sin embargo, como esto puede llegar a ser muy costoso para sus primeras operaciones quizás usted prefiera ir a algún otro lado. Hay tres fuentes informativas que puede consultar para los contratos que usted necesita: otros comerciantes como usted, asociaciones profesionales y libros legales. Sírvase conseguir la mayor cantidad posible de contratos, compárelos, y decida cuales son los términos que son más oportunos para usted.

Capítulo 8

Seguros

Existen ciertas leyes que requieren que usted tenga seguro. Si usted no lo tuviera, es posible que tenga que confrontar responsabilidades legales que le ocasiones la ruina de su negocio. Debe familiarizarse con los tipos de seguros que existen y de ese modo poder calcular los riesgos de pérdidas versus los costos de las pólizas.

Tenga en cuenta que puede haber una amplia variedad de precios y coberturas en cuanto a pólizas de seguros. Usted debería obtener al menos tres cotizaciones de diferentes agentes de seguros y pedirles a cada uno de ellos que le expliquen sobre los beneficios de sus pólizas.

Beneficios del Trabajador; Derechos de Compensación

Si tiene cuatro o más empleados, o si está en la industria de la construcción y tiene uno o más de un empleado, por ley tiene la obligación de proveer seguros por derechos de compensación para sus empleados. Es aconsejable que para prevenir litigaciones en su contra, debería tener un seguro para sus empleados por derechos de compensación, aunque no le sean requeridos.

Estas pólizas de seguros se pueden conseguir en la mayoría de las compañías de seguros y no son tan caras si al menos las obtiene por ocupaciones de bajo riesgo. Si tiene ese tipo de cobertura, usted se encuentra protegido en contra de probables reclamos que sus empleados o sus herederos pudieran realizar en caso de accidente o muerte y que le dejarían a usted en la ruina. Para las ocupaciones de altos riesgos, tales como techado, este tipo de pólizas puede ser un poco caro, algunas veces de treinta a cincuenta centavos por cada dólar de sueldo.

Se considera un hecho grave si se omite proveer seguro de compensación al trabajador cuando le fuera requerido. Puede costarle una multa de hasta $500 (quinientos) dólares, hasta un año de prisión en la cárcel y una amonestación judicial por la cual no podrá emplear a nadie. El hecho de no obtencr seguro dentro de las 96 horas de recibir notificación por escrito puede resultarle en una multa de $100 dólares por día. Si alguna persona se accidentara en el lugar de trabajo, aunque el mismo accidente fuera causado otro empleado, o la persona accidentada haya contribuido para ocasionar su propio accidente, usted probablemente tenga que pagar por todas las pérdidas que resulten.

Hay otros requisitos de la ley de indemnización (compensación) a los trabajadores, como el de informar dentro de las veinticuatro horas la muerte de cualquier trabajador ocurrida en el lugar de trabajo. Asimismo, se considera delito menor deducir la suma de la prima de seguro del salario de los empleados.

Los que están exentos por la ley deben presentar ante el estado una declaración jurada todos los años diciendo que están exceptuados. Además, se debe colocar un aviso en el lugar de trabajo diciendo que los empleados no tienen derecho a los beneficios de compensación.

Seguro de Responsabilidad Civil (Daños a Terceros)

El seguro de responsabilidad civil puede ser dividido en dos áreas importantes: cobertura por accidentes que sucedan en el negocio a sus empleados, y cobertura por accidentes causados por los productos o servicios.

La cobertura para el primer tipo de accidentes se consigue usualmente a un precio muy razonable. Los accidentes en el negocio u ocasionados por sus empleados (como por ejemplo cuando conduciendo el automóvil tienen un accidente) están cubiertos por premisas estándares (o comunes); pero las coberturas de accidentes ocasionados por productos pudieran ser muy difíciles de adquirir y más costosas. En la presente crisis de responsabilidades legales, los jurados han tenido que otorgar ridículamente altos juicios por accidentes. Estos incluyen productos que han ocasionado mínimo impacto en el accidente. La situación se ha tornado tan problemática que en algunos casos la industria completa perdió su negocio o y otros se mudaron fuera del país.

Si el seguro no existe o no hay medios, puede no hacerlo y utilizar una corporación y otros planes de protección de bienes para que lo prevengan en contra de obligaciones legales.

Protección de Bienes.

La mejor manera de averiguar si el seguro está disponible para su tipo de negocios es comparar con otros negocios. Si hay una asociación profesional en su industria, su boletín informativo o revista puede tener avisos publicitarios sobre estos seguros.

Póliza de Cobertura

Como el dueño de un negocio usted será un blanco más visible para los juicios legales aun si hubiera un pequeño mérito para ellos. Los abogados saben que un juicio por daños es a menudo acordado por miles de dólares. Debido a la gran exposición en que usted se encuentra usted debería considerar la adquisición de una póliza de seguro de cobertura personal. Esta es una póliza que le cubre por demandas de hasta de un millón o aun dos o cinco millones de dólares y es un precio muy razonable.

Seguro Contra Riesgos Peligrosos

Una de las peores cosas que le puede pasar a su negocio es un incendio, inundación u otro desastre. Con una lista de clientes, inventario y equipos, muchos negocios se han visto forzados a cerrar luego de tal desastre.

El premio por tal seguro es generalmente razonable y puede protegerle de la pérdida de su negocio. Usted puede obtener seguros por interrupción de negocios, el cuál le cubrirá pérdidas mientras vuelve a poner su negocio en funcionamiento.

Seguros para Negocios desde su Residencia

Hay un problema especial para los negocios que operan desde el domicilio. La mayoría de las pólizas de seguros para los propietarios e inquilinos no cubren actividades comerciales. De hecho, bajo algunas pólizas a usted le pueden negar cobertura si utiliza su hogar para realizar negocios.

Si usted meramente utiliza su residencia para hacer llamadas telefónicas de negocios y envía cartas, probablemente no tendrá problemas y no necesitará cobertura extra. Pero si es propietario de equipos o tiene una porción de su casa destinada exclusivamente para sus negocios, podría tener inconvenientes. Averigüe primero con su agente de seguros sobre las opciones disponibles para usted.

Si su negocio es de un solo dueño, y digamos que usted tiene una computadora (ordenador) que utiliza en forma personal y para su negocio, probablemente la pueda cubrir bajo la póliza de la residencia. Pero si usted incorpora su negocio comercialmente (como sociedad) y compra un ordenador (computadora) a nombre de la corporación, la cobertura puede serle denegada. Si un ordenador (computadora) es el bien más importante de su negocio, usted puede obtener una póliza de seguros especial a nombre de la empresa que le cubra solamente el ordenador (computadora). Una compañía que ofrece esas pólizas es Safeware y cuyos números telefónicos son 800-723-9273 o 800-800-1492.

Pólizas de Seguros para Automóviles

Si usted o uno de sus empleados utilizarán un automóvil con fines de negocio, asegúrese de valerse de cobertura. Algunas pólizas pueden incluir una exclusión por propósitos comerciales. Para estar seguro, revise la responsabilidad legal de cobertura de su póliza en caso de uno de sus empleados cause un accidente mientras esté realizando trámites de negocio.

Seguros Médicos o de Salud

Mientras que un nuevo negocio raramente puede afrontar los gastos de seguro médico para sus empleados, es aconsejable proveerlo tan pronto como sea posible. Lo cual facilita las posibilidades de encontrar y mantener mejores empleados.. Aquellos que empiezan un negocio generalmente necesitan seguro para ellos mismos (a menos que tengan un cónyuge que trabaje y que pueda proveer seguro médico para la familia). A veces, es posible conseguir un mejor precio si se adquiere una venta de seguros en grupo para el personal de comercios pequeños.

Posible Robo por Parte del Empleado

Si teme que sus empleados puedan robarle cosas de su negocio, probablemente usted les requiera que tengan una fianza de fidelidad. Esto significa que usted paga a la compañía de seguro una prima para garantizar la honestidad de los empleados y si ellos cometen algún error la compañía de seguros le paga a usted los daños. Esto puede cubrir a los empleados ya existentes y a los nuevos empleados.

Capítulo 9

Reglamentaciones Legales de Seguridad y Salud

El propósito de las leyes federales es hacer que el empleador esté obligado a mantener el lugar de trabajo libre de reconocidos riesgos que pudieran causar la muerte o serios accidentes corporales a los trabajadores.

OSHA

Las reglamentaciones de la *Administración de Seguridad y Salud Ocupacional* (OSHA) no son tan engorrosas para los pequeños comercios como lo son para con las grandes empresas. Si usted tiene diez o menos de diez empleados o si tiene cierto tipo de negocio, no tiene que mantener constancia de las enfermedades, accidentes y cuántas veces sus empleados estuvieron expuestos a ciertas sustancias peligrosas. Si usted tiene once o más empleados, usted debe registrar todo en el llamado *Diario 200* (*Log 200*). Todos los empleados deben tener a la vista un póster que se puede obtener de OSHA. Sírvase contactarse con la agencia a:

www.osha.gov

El *Estándar de la Comunicación sobre el Peligro* (*Hazard Communication Standard*) requiere que los empleados estén atentos de los peligros en el lugar de trabajo. Esto se aplica especialmente a aquellos que trabajan con sustancias químicas, pero pueden incluirse a las oficinas que utilizan fotocopiadoras. Los comercios que usen químicos peligrosos deben tener un programa comprensivo para informar a sus empleados acerca de los riesgos y las precauciones que deben tener para evitar la contaminación.

EPA

El *Estándar de Protección para los Trabajadores por el uso de Pesticidas en la Agricultura* (*Worker Protection Standard for Agricultural Pesticides*) requiere entrenamientos de seguridad, lugares de contaminación y, por supuesto, pósters informativos. La *Agencia de Protección del Medio Ambiente* proveerá información acerca de cómo debe cumplir con esta ley. Usted puede contactarse con ellos al 800-490-9198 o en la página Web al:

www.epa.gov

El *Acta de Medicinas y Alimentos Puros de 1906* (*Pure Food and Drug Act of 1906*) prohíbe marcar falsamente o adulterar ningún alimento o medicinas. Adicionalmente, se ha creado la *Administración de Alimentos y Medicamentos* (FDA). Si debiera tratar con alimentos y medicamentos, se debe mantener al tanto de estas reglamentaciones en la dirección en el website es **www.fda.gov**. Para los comercios pequeños es: **www.fda.gov/ora/fed_state/small_business**.

El Traslado de Materiales (Elementos) Peligrosos

Hay reglamentaciones que controlan el envío y empaquetamiento de los materiales peligrosos. Para obtener mayor información diríjase a:

Oficina de Seguridad de Materiales (Elementos) Peligrosos
(Office of Hazardous Materials Safety)
Research and Special Programs Administration
U.S. Department of Transportation
400 7ᵗʰ Street S.W.
Washington, DC 20590
http://hazmat.dot.gov/org&ct.htm

CPSC

La *Comisión de Seguridad de los Productos al Consumidor* (CPSC) ha dispuesto un conjunto de regulaciones que cubren la seguridad de los productos. La comisión estima que debido a que estas normas cubren los productos en lugar de la gente o las compañías, éstas se aplican a cualquiera que produce esos productos. No obstante, las leyes federales no se aplican para los pequeños negocios que no estén afectados por el *comercio interestatal*. Si su comercio deberá cumplir o no a las reglamentaciones CPSC, dependerá específicamente del tamaño y la naturaleza del negocio.

Las reglamentaciones de la CPSC se encuentran en el Código Federal de Reglamentaciones bajo el Título 16.

Lo puede encontrar en la mayoría de las bibliotecas y también en el Internet:

http://cpsc.gov

Regulaciones Adicionales

Diariamente hay nuevas propuestas para implantar nuevas leyes y reglamentaciones. Sería imposible incluir en este libro cada una de ellas que sea imaginable. Para mantenerse al tanto de las leyes que atañen su tipo de negocio, usted debería asociarse a una organización u asociación que haya en su industria, y suscribirse al boletín de noticias que cubre su industria. Si participa en las convenciones de su industria, es una buena manera de aprender más y descubrir nuevas avenidas para incrementar sus ganancias.

Capítulo 10

Leyes Laborales de Empleo

En el mundo del comercio pequeño, no hay muchas reglamentaciones que se refieran a quien puede contratar o despedir. Afortunadamente, la antigua ley que se refería a que un empleado podía ser despedido en cualquier momento (o hacer abandono de trabajo en cualquier momento) todavía prevalece en los comercios pequeños. Pero en ciertas ocasiones, y a medida que su negocio se desarrolle, usted se encontrará con una cantidad de leyes que le afectarán sus prácticas de empleo y desempleo.

Leyes de Contratación

Una de las cosas más importantes a considerar cuando se contrata a alguien es que si usted necesita despedirle luego, la persona puede tener derecho a cobrar compensación por desempleo. Si así fuera, el porcentaje de impuestos por compensación de desempleo que es de su responsabilidad se incrementará y eso le puede llegar a costar mucho dinero. Por lo tanto, solamente debe contratar gente que usted esté seguro que va a man-

tenerles y deberá evitar situaciones donde sus empleados anteriores puedan presentar demandas en contra de
su compañía.

Cuando usted revisa un currículo (resume) el mejor
récord que debe contemplar es si alguien ha estado por
un largo período en cada lugar donde trabajó anteriormente. La próxima cualidad destacable que se debe
mirar es la de alguien quien no ha permanecido por tan
largo tiempo (por una buena razón), pero ha estado
siempre empleado.

Recuerde que usted no puede saber por medio del
currículo o entrevista, si un empleado cumplirá con
sus necesidades. Una vez que encuentre a alguien que
usted piense que funcionará, ofrézcale el trabajo por
un período de noventa días probatorios. Si no está
completamente satisfecho con él o ella, ofrézcale
extender el período probatorio por noventa días adicionales, en lugar de terminar la relación
inmediatamente. Por supuesto, todo esto deberá ser
por escrito.

Examinar Datos Esenciales

Revisar las referencias es importante, pero esté atento
ya que el empleador anterior puede ser un buen amigo,
o un pariente. Ha sido siempre bien considerado
exagerar cuando se escribe un currículo, no obstante, en
los últimos años, algunos solicitantes han fabricado
completamente secciones de la información referente a
la educación y la experiencia.

Pruebas de Detectores de Mentiras

Bajo el *Acta de Protección al Empleado por el Uso de Polígrafo* (*Employee Polygraph Protection Act*) usted no puede requerirle a un empleado o posible empleado que tome un examen detector de mentiras a menos que usted tenga negocio en los ramos de carros blindados, defensa o productos farmacéuticos.

Pruebas del Uso de Drogas

Bajo la ADA, el examen para verificar el uso de drogas sólo se puede requerir cuando los solicitantes a quienes les han ofrecido el trabajo tienen la condición preestablecida que antes deberán pasar ese examen. Los empleadores pueden también denegar servicios médicos y beneficios de indemnización si el empleado no pasa la prueba.

Información sobre los Nuevos Empleados

Para facilitar la ubicación de los padres que no pagan mantenimiento económico para sus hijos, en 1996 se aprobó una ley federal que requiere que los empleadores informen cuando contratan a un nuevo empleado. El *Acta de Reconciliación por Oportunidad de Trabajo y Responsabilidad Personal* (the *Personal Responsibility and Work Opportunity Reconciliation Act of 1996*, PRWORA) indica que dicha información debe ser presentada por los empleadores a sus propios gobiernos estatales.

Dentro de los veinte días de haber contratado un nuevo empleado, el empleador debe proveer dicha información a su gobierno estatal incluyendo el nombre completo de la persona empleada, su número de seguro social y domicilio. Se puede presentar de varias maneras tales como a través de la oficina de correos, enviando un fax, cinta magnetofónica, o utilizando el Internet. Hay un formulario especial que se deberá utilizar para este reporte; no obstante un empleador puede usar el formulario IRS W-4 *Certificado de Descuentos del Empleado para la Retención* (*Employee's Withholding Allowance Certificate*) para este propósito.

Acuerdo de Empleo

A fin de evitar malos entendidos con los empleados, utilice un acuerdo de empleo o un registro (libro) del empleado. Éste puede detallar las reglamentaciones de su compañía y los derechos de sus empleados. Estas normas pueden proteger sus secretos comerciales y pueden indicar claramente que el empleo puede quedar sin efecto en cualquier momento para ambas partes.

Mientras que puede ser dificultoso hacerle firmar a un empleado existente tal acuerdo, un solicitante de trabajo generalmente firma lo que sea necesario con la esperanza de obtener el puesto.

Si es inconveniente hacerle firmar a un empleado ese acuerdo, usted puede obtener los mismos derechos poniendo las reglamentaciones de la empresa en un manual. Todos los empleados ya sean nuevos o existentes deberían recibir una copia juntamente con una carta donde figuren las reglamentaciones que se aplicarán y que las mismas son válidas para todos los empleados y que aceptándolas y continuando con el empleo en la compañía, ellos aceptarán respetar esas normas. Si les hace firmar un recibo por la carta y el manual es una prueba de que lo recibieron.

Una cosa que puede ser peligrosa en un acuerdo de empleo o libro de registro es que puede interpretarse como para un contrato de empleo que se esta estableciendo por una larga duración. Para evitarlo, asegúrese de especificar claramente, tanto como en el acuerdo de trabajo o el registro que el empleado está *a voluntad* y que la relación puede terminar en cualquier momento por cualquiera de las dos partes.

Algunas otras cosas que hay que considerar en un acuerdo de empleo o libro de registro son:

- cuál será el salario y otras compensaciones;

- cuáles serán las horas de trabajo;

- de cuánto tiempo será el período de prueba;

- el empleado no puede firmar ningún contrato obligando al empleado; y,

- que el empleado está de acuerdo con que haya mediación en lugar de entablar una demanda.

Leyes Discriminatorias

Hay numerosas leyes federales que prohíben la discriminación de raza, sexo, por embarazo, color, religión, origen nacional, edad, o discapacidad. Las leyes se aplican tanto para emplear o como para despedir y para prácticas de empleo tales como salarios, promociones y beneficios. La mayoría de estas leyes sólo se aplican

para los empleadores que tengan quince o más empleados por veinte semanas del año calendario o que tengan
contratos federales o subcontratos. Por lo tanto, probablemente a usted no le pedirán que cumpla con estas
leyes inmediatamente después que usted abra su negocio. Sin embargo, hay leyes similares que pueden
sobreponerse en su negocio.

Una excepción es el *Acta de Igualdad de Pago* (*Equal
Pay Act*) en el cual se establece que todos los
empleadores que tengan dos o más empleados deberán
pagar el mismo salario a las mujeres que realicen similar tipo de trabajo que el hombre.

A los empleadores que han contratado quince o más
empleados se les requiere que exhiban un póster contra
la discriminación. Este póster se encuentra disponible en
Comisión de Igualdad de Oportunidades de Trabajo
(*Equal Employment Opportunity Commission*) Para ello
debe llamarles al 800-669-3362 o en la página Web a
www.dol.gov/esa/regs/compliance/posters/eeo.htm. A
aquellos empleadores con 100 o más empleados se les
requiere presentar un reporte anual ante el EEOC.

Preguntas Discriminatorias en la Entrevista

Cuando se está en el proceso de elegir un empleado(a),
hay algunas preguntas que se consideran ilegales o no
es aconsejable preguntarlas. Las siguientes preguntas
que no se pueden hacer, *no deberían* estar escritas en la
solicitud, o formularlas en las entrevistas a menos que
la información esté directamente relacionada con las
obligaciones del trabajo.

- No le pregunte a un solicitante acerca de su estado de ciudadanía o el lugar dónde nació. Pero luego de haber tomado (contratado) al empleado(a) usted debe preguntarle sobre sus derechos para trabajar en este país.

- No le pregunte su apellido de soltera a una interesada. Usted puede interrogarle si es que ella ha sido conocida por algún otro nombre anteriormente con el propósito de hacer una revisión de sus antecedentes personales.

- No le pregunte al solicitante si tiene niños, planea tenerlos o si tiene alguno a su cuidado. Lo que le puede preguntar es si cree que podrá trabajar las horas requeridas.

- No le pregunte al interesado si tiene objeciones religiosas para trabajar sábado o domingo. Usted puede mencionarle si el trabajo requiere tales horarios y puede preguntarle si está dispuesto a cumplir con esos requisitos de trabajo.

- No le pregunte la edad al solicitante. Puede preguntarle si tiene dieciocho años o más, o en caso de un negocio de bebidas alcohólicas, si tiene veintiún años o es mayor de esa edad.

- No le pregunte al interesado cuánto pesa.

- No le pregunte al solicitante si tiene SIDA o HIV positivo.

- No le pregunte al interesado si ha solicitado demanda por compensación de trabajo.

- No le haga preguntas relacionadas con previos problemas de salud.

- No le pregunte al solicitante si está casado o si su esposo(a) tuviera algún inconveniente con respecto a las horas de trabajo u obligaciones.

- No le pregunte al solicitante si es propietario de un inmueble, o automóvil, o si tiene muebles, puesto que estas preguntas son consideradas racialmente discriminatorias.

- No le pregunte al interesado si alguna vez fue arrestado. Usted puede preguntarle si alguna vez tuvo que cumplir alguna condena por crimen cometido.

ADA

Bajo el *Acta de Americanos con Discapacidades* (*Americans with Disabilities Act*, ADA) de 1990, los empleadores que no hagan "adaptaciones razonables para sus empleados discapacitados" tendrán que pagar multas de hasta $100.000 dólares, como así mismo otras penalidades civiles o asignaciones mediante sentencia judicial por daños. Actualmente, ADA se aplica a los empleadores con quince o más empleados.

Para mayor información sobre cómo esta ley afecta a su negocio, diríjase al Sitio Web del Departamento de Justicia de Estados los Unidos a:

www.usdo.gov/crt/ada/business.htm

Beneficios sobre impuestos. Hay tres tipos de créditos de impuestos para ayudar a los pequeños negocios con los cargos de estas leyes.

- Los negocios pueden deducir hasta $15.000 dólares al año por hacer que sus locales sean accesibles a los discapacitados y pueden depreciar el resto.

- Los pequeños negocios (de menos de $1.000.000 de dólares en ingresos y que tengan menos de treinta empleados) pueden obtener crédito en los impuestos cada año por el 50% de lo que hubiera costado el hecho de hacer posible el acceso de los discapacitados, pero esto solo se aplica a las sumas entre $250 y $10.500 dólares.

- Los pequeños negocios pueden tener un crédito de hasta un 40% de los primeros $6.000 dólares de salarios pagados a ciertos nuevos empleados quienes califican a través del *Requisito de Certificación y Aviso de Investigación* (*IRS formulario 8850*) (*Prescreening Notice and Certification Request* (*IRS Form 8850*)).

Registros. Para protegerse de posibles demandas por discriminación, todos los empleadores deberían mantener un registro detallado que muestre la razón por la cual se ha tomado o no a un solicitante y por los despidos de empleados efectuados.

Leyes sobre Horarios y Salarios

El *Acta de Estándares de Trabajos Razonables* (*Fair Labor Standards Act*, FLSA) se aplica a todos los empleadores quienes estén participando en *comercios interestatales* o en la producción de mercaderías que se realicen para el comercio interestatal (cualquier cosa que cruce los límites del estado) y para todos los empleados de hospitales, escuelas, residencias para los discapacitados o ancianos, o agencias públicas. Asimismo, se emplea para todos los empleados de empresas con un ingreso bruto de $500.000 dólares o más por año.

Mientras que muchos pequeños negocios no pueden pensar que están participando con el comercio interestatal, las leyes han sido interpretadas tan ampliamente que casi la mayoría de las correspondencias entre los estados, el servicio telefónico u otro servicio interestatal, no obstante menor, son suficientes para que ese comercio se considere bajo la ley.

Salario mínimo. Las leyes federales de horarios y salarios están contenidas en el *Acta de Estándares Federales de Trabajos Razonables*. El salario federal mínimo por hora vigente es de $5,15 la hora. Para determinar el salario mínimo en su estado, consulte con su Ministerio de Trabajo del estado en que se encuentra.

En ciertas circunstancias, un salario de $3,62 se puede pagar a los empleados que sean menores de veinte años por un periódo de entrenamiento de noventa días.

Para empleados que regularmente reciben mas de $30 dólares por mes en propinas, el salario mínimo es de $2,13 por hora. Pero si las propinas no llegan a cubrir el salario mínimo del empleado de $5,15 por hora, entonces el empleador debe compensarle la diferencia.

Horas extras. A los trabajadores quienes trabajan más de cuarenta horas por semana se les deben pagar tiempo y medio por el tiempo trabajado mayor de cuarenta horas semanales.

Empleados exentos. Al mismo tiempo que casi todos los negocios están cubiertos, ciertos empleados están exentos de la FLSA. Entre los empleados exentos se incluyen empleados que se consideran ejecutivos, administrativos y profesionales en la escala gerencial, profesionales en el campo de los ordenadores (o la computación) y personal que hace ventas fuera del local.

Si una de esas categorías aplica o no a esas excepciones para un empleado específico es una complicada cuestión legal. Para mayor información, diríjase la página Web del Ministerio de Trabajo:

www.dol.gov/esa/whd/flsa/index.htm

En el Internet, usted puede obtener información sobre el *Manual de Pequeños Negocios* (Department of Labor's *Small Business Handbook*) del Ministerio de Trabajo a:

www.dol.gov/asp/programs/guide/main.htm

Leyes sobre Beneficios y Jubilación

No hay leyes que requieran que los pequeños negocios deban proveer cierto tipo de beneficios especiales a los empleados. Esos beneficios se pueden otorgar para atraer y mantener buenos empleados. Con respecto a los planes de jubilación, la mayor preocupación es que si usted comienza con uno, debe contribuir y cumplir con las leyes de impuestos federales. Pocos pequeños negocios pueden afrontar proveer planes de jubilación para sus empleados.

Feriados

La mayoría de las compañías les dan a los empleados de tiempo completo un cierto número de feriados pagados. Generalmente, éstos son: Año Nuevo (1° de enero) Día en Memoria de los Muertos en Campaña (Memorial Day—el último lunes de mayo); 4 de julio; Día del Trabajador (primer lunes de septiembre); Día de Acción de Gracias (el cuarto jueves de noviembre) y Navidad (el 25 de diciembre). Algunos empleadores incluyen otros feriados como por ejemplo el aniversario de Martin Luther King Jr. (15 de enero); día del Presidente; y día de Cristóbal Colón. Si algunos de estos días caen en sábado o domingo, muchos de los empleadores le otorgan día libre el viernes anterior o el siguiente lunes.

No obstante, el hecho de que las arriba mencionadas fechas son feriados estatales designados no significa nada. De hecho, ni siquiera el gobierno estatal cierra en todos esos días.

Días por Enfermedad

Algunos pequeños comercios tienen reglamentaciones oficiales y no pagan días por enfermedad, pero cuando un empleado importante pierde el día de trabajo a causa de que está claramente enfermo(a) se le paga.

Tiempo de Descanso

No hay leyes federales o estatales que requieran tiempo de descanso para un café o el almuerzo. Sin embargo, tiene sentido común pensar que el empleado rendirá mejor o será más productivo si tiene un descaso razonable para nutrirse o usar el baño.

Leyes para Licencia por Asuntos Familiares o Médicos

Con el propósito de asistir a los dueños de negocios para decidir qué tipo de licencia o permiso deberían ofrecer a sus empleados, El Congreso pasó el *Acta de Licencia por Asuntos Familiares o Médicos de 1993 (Family and Medical Leave Act of 1993*, FMLA). Esta ley requiere que se le otorgue a un empleando hasta doce semanas en los siguientes casos:

- si el empleado o la esposa del empleado tiene un niño(a);

- si el empleado(a) adopta a un niño(a) o le tiene a su cuidado legalmente.

- si el empleado(a) necesita cuidar a su esposo(a), niño(a) o padres enfermos(as); o,

- si el empleado(a) se enferma seriamente.

Esta ley se aplica únicamente a los empleadores que tengan cincuenta o más empleados. Asimismo, al diez por ciento de los empleados que reciben salarios altos se les puede negar esta licencia o permiso ya que la ausencia podría causar interrupciones del negocio ocasionando pérdidas.

Leyes para Trabajadores Menores

El *Acta de Estándares Federales de Trabajos Razonables* (*Federal Fair Labor Standars Act*) también contiene leyes que se relacionan con el tema de contratación de menores. Las normas básicas son que los niños que sean menores de dieciséis años no deberían ser contratados con excepción de algunos pocos empleos específicos, como por ejemplo actuación (actores) o repartidores de periódicos; y aquellos menores de dieciocho años no se les puede contratar para realizar trabajos peligrosos. Los menores no pueden trabajar más de tres horas por día/dieciocho horas semanales durante la semana de escuela, o más de ocho horas por día/cuarenta horas semanales en las semanas en que no es época de escuela.

Asegúrese de consultar las leyes de su estado acerca de las leyes para el empleo de menores. Sírvase visitar el Ministerio de Trabajo en la página Web que se ocupa de darle información específica por estado:

www.dol.gov

Leyes de Inmigración

El Congreso ha pasado una ley que impone penalidades estrictas para cualquier negocio que contrate extranjeros que no sean elegibles para trabajar. Bajo esta ley usted debe verificar la identidad y la elegibilidad para ser empleado de cualquier persona que usted contrate. Para ello debe llenar y presentar el formulario I-9 de *Verificación de Elegibilidad de Empleo* (*Employment Eligibility Verification* (*Form I-9*)). Tanto el empleado como usted deben llenar el formulario y revisar las tarjetas de identificación del empleado o sus documentos. Las multas por contratar extranjeros ilegales varían de los $250 a los $ 2.000 dólares por la primera infracción y hasta $10.000 dólares por la tercera infracción. Si no lleva los papeles en orden le pueden cargar una multa de hasta $1.000 dólares.

También hay penalidades que se atribuyen a los empleadores, con cuatro o más personas, que discriminan en contra de solicitantes elegibles sólo por que tienen aspecto de extranjeros, por la nacionalidad o por el estatus de ciudadanía.

Para el *Libro de Empleadores e Instrucciones para Completar el Formulario I-9* sírvase mirar la pagina Web de la Agencia del gobierno de Servicios de Inmigración y Ciudadanía a:

www.immigration.gov

Empleados extranjeros. Si usted desea contratar empleados que son ciudadanos de países extranjeros y no le proporcionan la documentación requerida que se le explicó, ellos deben obtener primeramente una visa de trabajo de la *Agencia del Gobierno de Servicios de Inmigración y Ciudadanía* (BCIS) del Ministerio de Justicia de los Estados Unidos.

Contratación "Fuera de Registros"

Debido a los impuestos, seguros y papeleo interminable, cuando se trata de contratar empleados, algunos nuevos negocios contratan gente "fuera de registros." Pagan en efectivo y nunca admiten que tienen empleados. Mientras que el pago en efectivo de salarios no puede ser deducible, lo consideran como de un menor costo que el hecho de cumplir con la reglamentación. Algunos extienden recibos "fuera de registros" para cubrirse.

No es la mejor idea. Cuando se contrata gente sin registrarlos, esto puede ocasionarle multas civiles, pérdida de cobertura de seguro y aún penalidades por procesamiento judicial. Cuando se trata de trabajos peligrosos tales como techado o cuando emplean herramientas de mucho poder, usted pone en riesgo millones de dólares en posibles responsabilidades legales si un trabajador se mata o resulta herido.

Cumplir con las leyes de empleo puede resultarle más costoso y llevarle más tiempo, pero si usted tiene interés en desarrollar y mantener un largo período de crecimiento de su negocio con menores riesgos, ésa es la manera más sabia de hacerlo.

Leyes sobre Despidos

En muchos casos, a menos que usted tenga un contrato con un empleado por un determinado período, usted puede despedirle en cualquier momento. Esto es razonable ya que el empleado puede dejar de trabajar en cualquier momento. Las excepciones son: si usted despide a alguien por motivos ilegales discriminatorios; por que le han presentado alguna demanda por salud o seguridad personal; o, porque le han rechazado algún avance sexual.

Capítulo 11

Leyes de Promoción

El gobierno federal regula la publicidad a través de la Comisión Federal de Comercio (FTC). A continuación se detallan algunas de las reglas más importantes.

Leyes de Solicitación de Teléfono

Las leyes de pedido de teléfono están gobernadas por el *Acto Telefónico de Protección al Consumidor* y por las reglas de la Comisión Federal de Comunicaciones (FCC). Los consumidores pueden demandar cobrando $500 por daños a los que violan este acto y la FCC les puede cobrar una multa de $10.000 dólares. Los siguientes son algunos de los requisitos que están bajo esta ley.

- Las llamadas sólo se pueden hacer entre las 8 de la mañana y las 9 de la noche.

- Los solicitantes deben mantener una lista de a quienes "No Llamar" y honrar esos pedidos de no llamarles.

- Debe haber una póliza escrita en donde el que llama debe identificarse diciendo su nombre, el de la firma a la que pertenece y su teléfono o dirección a las personas que llama y mencionar que la llamada es de ventas y la naturaleza de los servicios que vende.

- El personal debe ser entrenado en referencia a esas pólizas.

- No se deben usar mensajes grabados para llamar a residencias.

NOTA: *Bajo este acta, es ilegal enviar faxes publicitarios a todo aquél que no haya dado su consentimiento de recibir esos faxes o que no sea ya un cliente existente.*

Leyes de Solicitación de las Casas

La Comisión Federal de Comercio tiene reglas que gobiernan las ventas puerta-a-puerta. En este tipo de ventas es una práctica de comercio engañosa el no presentar al cliente un recibo explicando la venta (en el lenguaje de la presentación). Es importante también avisarles que tienen el derecho de arrepentirse por haber firmado el contrato dentro de los tres días de haberlo hecho, conocido como *derecho de recesión* (*retroceso*). La advertencia puede entregarse en duplicado y debe tener el título de *Advertencia de Derecho de Cancelación* o *Advertencia de Cancelación*. Esta advertencia debe estar redactada como se indica en la siguiente página.

ADVERTENCIA DE CANCELACIÓN

Fecha

USTED PUEDE CANCELAR ESTA TRANSACCIÓN SIN NINGUNA PENALIDAD NI OBLIGACIÓN DENTRO DE LOS TRES DIAS HABILES DE LA FECHA.

SI USTED CANCELA, CUALQUIER PROPIEDAD DADA EN INTERCAMBIO, CUALQUIER PAGO QUE USTED HAYA HECHO BAJO EL CONTRATO O VENTA, Y CUALQUIER INSTRUMENTO NEGO-CIABLE QUE USTED HAYA EJECUTADO SE LE DEVOLVERÁ DENTRO DE LOS 10 DIAS HÁBILES EN QUE EL VENDEDOR RECIBA NOTIFICACIÓN DE SU CANCELACIÓN Y DE CUALQUIER INTERÉS DE VALORES QUE RESULTE DE LA TRANSACCIÓN SERÁ CANCELADO.

SI USTED CANCELA, DEBE DEVOLVERLE AL VENDEDOR EN SU RESIDENCIA, CUALQUIER ARTÍCULO O MERCADERÍA QUE LE HAYA SIDO ENTREGADA BAJO ESTE CONTRATO O VENTA, EN LAS MISMAS CONDICIONES QUE CUANDO LOS RECIBIÓ; O, SI USTED DESEA, PUEDE CUMPLIR CON LAS INSTRUCCIONES DEL-VENDEDOR REFERENTE A LA DEVOLUCIÓN DE LA MERCADERÍA A RIESGO Y CARGO DEL VENDEDOR.

SI USTED PONE A LA DISPOSICIÓN DEL VENDEDOR Y ÉL NO LA RECOGE DENTRO DE LOS VEINTE DÍAS DE LA FECHA DE CANCELACIÓN, USTED PUEDE RETENER O DISPONER DE LA MERCADERÍA U ARTÍCULOS SIN NINGUNA OBLIGACIÓN ADICIONAL. SI USTED NO LE ENTREGA LA MERCADERÍA AL VENDEDOR, O SI HIZO UN ACUERDO CON ÉL DE DEVOLVER LA MERCADERÍA Y NO LO HACE, ENTONCES USTED ES RESPONSABLE DE LA EJECUCIÓN DE TODAS LAS OBLIGACIONES BAJO EL CONTRATO.

PARA CANCELAR ESTA TRANSACCIÓN, MANDE POR CORREO O DESPACHE UNA COPIA FIRMADA Y CON LA FECHA DE LA NOTIFICACIÓN DE ESTA CANCELACIÓN O DE CUALQUIER OTRA ADVERTENCIA ESCRITA, O ENVÍE UN TELEGRAMA AL [nombre del vendedor], A LA [dirección del vendedor y firma con la que hace negocios] NO MÁS TARDE DE LA MEDIANOCHE DE _____ (fecha).

POR ESTE MEDIO CANCELO ESTA TRANSACCIÓN.

_____
[Firma del Comprador]

_____
[Fecha]

Capítulo 12

Pago y Cobranzas

Dependiendo del tipo de comercio que lleve, es posible que le paguen en efectivo, en cheques, tarjetas de crédito o en algún tipo de arreglo financiero tal como una nota promisoria (pagaré) o una hipoteca. Tanto las leyes del estado como las federales tiene que ver con el tipo de pagos que usted va a cobrar. El hecho de no cumplir con esas leyes le puede costar considerablemente.

En Efectivo

El hecho de pagar en efectivo es la forma de pago más eficaz y tiene pocas restricciones. Lo más importante es que usted mantenga el registro exacto de sus transacciones en efectivo y que declare todas sus ganancias en efectivo en el formulario de devolución impositiva.

La ley más importante de la cual hay que preocuparse es la que requiere que se declare en el formulario IRS Form 8300, *Declaración de Pagos en Efectivo Mayores de Diez Mil Dólares (Report of Cash Payments over $10,000)*.

Una operación no tiene que suceder en un día. Si una persona le entrega pequeñas sumas de dinero en varios pagos y sumadas llegan a los $10.000 dólares, si el gobierno puede interpretarlo como una sola transacción, entonces usted tiene que llenar el formulario y deberá ser presentado. Bajo esta ley "en efectivo" se incluyen cheques del viajero y giro postal (money order), pero no se incluye, cheques a cargo del mismo banco (cashier's checks) ni cheques del banco (giros bancarios, bank checks).

Cheques

En su negocio, es importante aceptar cheques. Mientras que un mínimo porcentaje será malo, la mayoría serán buenos, y usted tendrá la oportunidad de complacer a más clientes. Solicite identificación y escriba la fuente de identificación en la fase del cheque. No acepte cheques posdatados.

Tarjetas de Crédito

En nuestra sociedad de hoy con la filosofía de "compre ahora y pague después" las tarjetas de crédito pueden aumentar su capacidad de ventas, especialmente en compras adicionales o no planeadas. Para MasterCard, Visa y Discover los cargos giran alrededor de un 2%, y esta suma se paga fácilmente con las ganancias extras que las tarjetas le permiten. American Express le carga de un 4% a un 5 % y usted puede decidir si vale la pena pagar eso, ya que la mayoría de las personas que tienen American Express generalmente tienen otras tarjetas.

Cobranzas

El Acta de Procedimientos Razonables para Ejecutar Cobranzas por Deudas (Fair Debt Collection Practices Act) prohíbe el uso de imposturas, acosos y otros actos irrazonables realizados al cobrar deudas. Tiene estrictos requisitos cuando alguien realiza las cobranzas de deuda para alguna otra persona.

La Comisión de Comercio Federal (Federal Trade Commission) ha ordenado algunas normas que prohíben las representaciones engañosas tales como las que se utilizan pretendiendo estar en la película de la industria, el gobierno o una organización de créditos y/o usar cuestionarios que no indican cuáles son sus propósitos reales; o sea cobrar una deuda.

Capítulo 13

Leyes de Relaciones Comerciales

El Código de Uniformidad Comercial (The Uniform Commercial Code, UCC) es un conjunto de leyes que regulan numerosos aspectos de cómo hacer negocios. Un grupo nacional elaboró una recolección uniforme de proyectos de ley para evitar tener un acopio fragmentario de diferentes leyes por los cincuenta estados.

Los negocios que desean conocer los derechos en todo tipo de transacciones deberían obtener una copia del UCC y familiarizarse con él. Es particularmente útil en cuanto a transacciones entre comerciantes.

Discriminación Comercial

El Acta Robinson-Patman prohíbe que los comercios dañen a la competencia ofreciendo la misma mercadería a diferentes precios a diferentes compradores. Esto significa que las grandes cadenas de negocios no deberían tener precios más altos que los pequeños negocios. También requiere que las prestaciones promocionales se paguen proporcionalmente en los mismos términos para todos los compradores.

Como pequeño negocio, usted puede ser víctima de las violaciones del *Acta Robinson-Patman*. Un buen lugar para buscar información acerca de este acto es el sitio Web:

www.lawmall.com/rpa

Restricciones de Comercio

Una de las leyes federales más antiguas que influyen en los negocios es el *Acta Antimonopolista Sherman*. El propósito de esta ley es el de proteger a la competencia en el mercado prohibiendo los monopolios. Por ejemplo, una empresa grande podría comprar a todos sus competidores y así subir los precios a niveles astronómicos.

Los siguientes son algunos ejemplos de lo que está prohibido:

- acuerdos entre competidores para vender a los mismos precios;

- acuerdos entre competidores sobre cuánto se debe vender o producir;

- acuerdos entre competidores de dividir el mercado;

- rehusar vender un producto sin un segundo producto; o,

- intercambiar información entre competidores, lo cual resulta en precios similares.

Como nuevo negocio, usted posiblemente no esté en una posición en la que viole este acta, pero debe estar consciente de él en caso de que un competidor más grande trate de llevarle a usted a quiebra. El siguiente es un excelente sitio donde puede encontrar información acerca de este acto en el Internet:

www.lawmall.com/sherman.act

Protección de Propiedad Intelectual

Como dueño de negocio usted debe saber lo suficiente acerca de la ley de propiedad intelectual de la propiedad para proteger sus propias creaciones y no violar los derechos de otros. La propiedad intelectual es aquélla que es producto de la creatividad humana, tal como escrituras, diseños, invenciones, melodías y procesos. Éstas son cosas que se pueden robar sin ser tomadas físicamente. Por ejemplo, si usted escribe un libro, alguien puede robarle palabras de su libro sin robarle una copia físicamente.

A medida que el Internet crece, la propiedad intelectual está volviéndose más valiosa. Los dueños de negocios deberían tomar la acción necesaria para proteger a su empresa de la propiedad intelectual. Además, deberían conocer las leyes de propiedad intelectual para asegurarse de que no están violando los derechos de otros.

Aún una violación de la ley que no se conocía puede resultar en severas multas o castigos.

A continuación se detallan los siguientes tipos de propiedad intelectual y las formas de protegerlas.

Patentes

Una *patente* es una protección que se otorga por invenciones, descubrimientos y diseños nuevos y útiles. Para tener derecho a una patente, el trabajo debe ser completamente nuevo y "no obvio." Una patente se le otorga al primer inventor que la presenta. Una vez que se patenta un invento, nadie más puede usar ese invento, aunque lo descubran independientemente después de una vida entera de investigación. La patente protege al invento por 17 años; para diseños es por 3½, 7 o 14 años. Las patentes no se pueden renovar. La solicitud para la patente debe explicar claramente cómo hacer el invento para que cuando expire, otros puedan usar el invento y hacerlo libremente. Las patentes están registradas con la Oficina de Patentes y Marcas Registradas de Los Estados Unidos (PTO). Algunos ejemplos de cosas que pueden patentarse son nuevas fórmulas para remedios o medicinas o dispositivos (artefactos) mecánicos.

En años recientes las patentes se han usado para proteger programas computarizados (o de ordenador) y cosas como métodos de negocios tales como concretar una compra en Amazonas por medio de un solo clic. Pocos casos han llegado a las cortes poniendo en duda a esas patentes, así que es muy pronto para saber si tendrá valor. (Cerca de la mitad de las patentes que llegan a la Corte Suprema se encuentran que son invalidas.)

Derechos de Autor

El *derecho de autor* es una protección que se otorga a "los trabajos originales de autoría" o paternidad literaria, tales como trabajos escritos, musicales, visuales, de representaciones o programas computarizados (o de ordenador). El derecho de autor existe desde el momento de la creación, pero uno no puede registrar un derecho de autor hasta que esté asegurado en forma tangible. Uno tampoco puede poner autoría en los títulos, nombres o lemas. Actualmente, los derechos de autor le otorgan al autor y a sus herederos derechos exclusivos sobre su trabajo durante la vida del autor más setenta años. (Los derechos de autor registrados antes de 1978 duran por sólo 95 años.)

Los derechos de autor están registrados con el Registro de Derechos de Autor en la Librería del Congreso. Libros, pinturas, canciones, poemas, obras de teatro, dibujos y películas son ejemplos de trabajos que se pueden registrar con derechos de autor.

Marcas Registradas

Una *marca registrada* es una protección que se otorga al nombre o símbolo que se usa para distinguir la mercadería, artículo o servicio del de otros. Puede consistir en letras, números, envoltorio, etiquetaje, notas musicales, colores o una combinación de los mismos. Si se usa una marca registrada en servicios en lugar de en artículos, se la conoce como marca de servicios.

Las marcas registradas duran indefinidamente si se usan continuamente y se renuevan apropiadamente. Las marcas registradas se registran con la Oficina de Patentes y Marcas Registradas de Los Estados Unidos

(PTO) y con estados individuales. Ejemplos de marcas registradas son el nombre "Chrysler" en los automóviles, el borde rojo en la revista TIME y la forma de las botellas de Coca-Cola.

Secretos Comerciales

Un *secreto comercial* es algún tipo de información o proceso que proporciona una ventaja comercial protegida manteniendo un secreto. Por ejemplo, algunos secretos comerciales pueden ser una lista de distribuidores exitosos, la fórmula para la Coca-Cola, o alguna fuente de códigos específica en un programa de computadora (ordenador). Los secretos comerciales no están registrados en ningún lugar, están protegidos por el hecho de no ser revelados, sólo mientras se mantienen en secreto. Si usted descubre independientemente la fórmula para Coca-Cola mañana, usted podrá comerciarla libremente. (Con todo, no pude usar la marca registrada Coca-Cola en su producto para comerciarlo.)

Capítulo 14

Contabilidad y Método de Registros Financieros

Sin llevar los registros precisos para que se conozca de donde provienen y adonde van sus ingresos, usted no podrá incrementar sus ganancias, bajar sus gastos, obtener las finanzas que se necesitan o realizar decisiones apropiadas en todas las áreas de su negocio. El momento para decidir como manejar sus libros contables (contabilidad) es cuando usted abre su negocio, no un año más tarde, cuando es época de declarar los impuestos.

Contabilidad Inicial

Si usted no comprende la contribución de impuestos de su negocio, debe consultar con la guía de impuestos del IRS para su tipo de comercio (derecho de propiedad, sociedad colectiva, corporación, o sociedad de responsabilidad limitada) El libro de impuestos del IRS para los pequeños comercios es la publicación número 334, *Guía de Impuestos para Pequeños Negocios* (*Tax Guide for Small Businesses*). Adicionalmente, hay folletos instructivos para cada tipo de negocios: Planilla C para propietarios, formulario 1120 o formulario 1120 para corporaciones C y corporaciones S, y formulario 1165 para sociedad colectiva y comercios que están sujetos a los mismos tributos de sociedades colectivas (LLCs, LLPs).

Lo más importante que hay que hacer es establecer sus libros contables de tal forma que usted fácilmente pueda mensualmente, cuatrimestralmente y en forma anual llenar su devolución de impuestos. La mejor manera de hacerlo es tener copias de las devoluciones—no de los totales que usted necesitará proveer—y establecer su sistema contable para agrupar esos totales.

Contadores

Es muy probable que su nuevo negocio no le permitirá económicamente contratar a un contador (profesional contable) inmediatamente que lo abra para que le lleve los libros. Pero eso es bueno. Si usted lo lleva le obligará a aprender sobre contabilidad e impuestos tributarios. La peor forma de llevar un negocio es cuando uno no sabe nada sobre las leyes de impuestos y le entrega todo a un contador al final del año para informarse de lo que se debe.

Usted debería conocer lo básico de la ley de impuestos antes de hacer decisiones básicas tales como si debe comprar o alquilar equipos o locales. Tendría que saber contabilidad para establecer sus cuestiones financieras apropiadamente. Si usted fuera un boxeador que solo necesita ganar peleas, podría entregarle todo a un contador. Si su negocio necesita comprar materiales, inventario, o equipos y provee mercancías o servicios a través del año, usted necesita, como mínimo, tener un conocimiento básico del sistema en el cual está trabajando.

Una vez que usted pueda afrontar económicamente un contador, deberá pesar el costo versus el tiempo que perdería y el riesgo que correría si cometiera un error. Aunque piense que usted sabe lo suficiente para hacer su propia devolución o declaración de impuestos de su corporación, algún año usted tendrá que pasarle las gestiones al contador para ver si ha estado omitiendo algunas deducciones. A lo mejor decide si el dinero ahorrado vale la pena por el costo de los servicios de un contador.

Programas de Computación (o de Ordenador)

Hoy en día todos los negocios deberían mantener sus libros contables por medio de la computadora (o el ordenador). Hay programas de bajo costo como Quicken que le proveen reportes de sus ingresos y gastos instantáneamente, además de la posibilidad de colocar sus cifras correctamente en el formulario de devolución de impuestos.

Muchos sistemas virtualmente ofrecen cada año un programa de impuestos que toman toda su información y se la imprimen en el formulario de impuestos del presente año.

Consejos sobre Impuestos

A continuación encontrará algunos consejos sobre los impuestos de los pequeños negocios que le ayudarán a ahorrar dinero.

- Generalmente cuando usted compra equipos para su negocio, debe amortizar el costo a través de los años. Es decir, no puede deducir todo de una vez cuando los compra. Digamos que puede deducir de los impuestos el veinticinco por ciento del costo cada año, por un período de cuatro años.

- Los propietarios de las corporaciones S no tienen que pagar impuestos por seguridad social o servicios médicos públicos (medicare) sobre la parte de las ganancias que no se consideran salarios. Mientras usted se pague un salario razonable, otro dinero que usted saque no está sujeto a esos impuestos.

- No descuide depositar las retenciones de impuestos para sus propios salarios o ganancias. A parte de ser una gran suma para reunirla toda de una vez en abril, hay penalidades que debe pagar por no hacerlo.

- No desatienda mantener o remitir las retenciones efectuadas a sus empleados. Usted será legalmente responsable por ello, aunque usted sea una corporación.

- Si usted mantiene el registro del uso de su automóvil para sus negocios, puede deducir 36½ centavos de dólar por milla (esta cifra puede bajar o subir cada año). Si utiliza el automóvil para negocios por un tiempo considerable puede que tenga la oportunidad de depreciarlo.

■ Si su negocio es una corporación y si usted designa la existencia de mercancías como "existencia de mercancías sección 1244," entonces si el negocio fracasa usted tendrá la posibilidad de obtener mejor deducción por la pérdida.

■ Cuando compra cosas que se podrán revender o convertirlas en productos que se podrán vender, no deberá pagar impuestos a las ventas sobre esas compras.

Capítulo 15

Impuestos Federales

La forma en que cada tipo de negocio paga sus impuestos varía. El IRS conduce seminarios para informar a las empresas acerca de las leyes de impuestos. Comuníquese con la agencia en mesa de entrada, informaciones al 800-876-1715 o a su página Web al:

www.irs.gov/help

Impuesto sobre Ingresos

Dueño (derecho de propietario). Un propietario declara sus ganancias y gastos en la planilla C que se acompaña al formulario usual *Form 1040* y paga sus impuestos sobre todos sus ingresos netos de negocios. Cada cuatrimestre el formulario ES-1040 debe ser presentado junto con el pago de una cuarta parte de la suma de los impuestos sobre ingresos y los impuestos de seguro social que se estiman se deberán por el año.

Sociedad colectiva. La sociedad presenta la declaración de devolución de impuestos que muestre los ingresos y los gastos pero no paga impuestos. Cada socio entrega un formulario mostrando su cuota o participación en las ganancias o pérdidas y declara esto en el *formulario 1040* Schedule E. El *formulario ES-1040* debe ser presentado cada trimestre, por cada socio, junto con el pago de un cuarto de la suma de impuestos sobre ingresos y seguro social estimados que se deberán pagar por el año.

Corporación C. Una corporación común es un contribuyente de impuestos por separado, y paga impuestos sobre sus ganancias después de deducir todos los gastos, incluyendo los salarios de los funcionarios. Si hay dividendos para distribuir, estos se deben pagar luego de haberse pagado los impuestos, y así los accionistas pagan impuesto por segunda vez cuando reciben los dividendos. (Si una corporación necesita acumular dinero para inversiones, puede hacerlo a un porcentaje de impuestos menor que los de los accionistas.)

Corporación S. Una pequeña corporación tiene la opción de estar sujeta a pagar impuestos como una sociedad colectiva. Si la corporación ha presentado el *formulario 2553* y éste ha sido aceptado por el Servicio de Impuestos Internos (Internal Revenue Service) la corporación S no presentará una información de devolución detallando ganancias y gastos. Por eso, cada accionista será responsable de los impuestos sobre una participación proporcional de las ganancias (o estará capacitado para deducir una participación proporcional de las pérdidas). A menos que la corporación tenga una gran ganancia que no será distribuida, generalmente el estatus S es mejor en el comienzo.

Sociedades de Responsabilidad Limitada y Sociedades Colectivas. El IRS les permite a las sociedades de responsabilidades limitadas y los profesionales de las compañías de responsabilidades limitadas elegir en carácter de que pagarán sus impuestos. Estas pueden hacerlo como una sociedad colectiva o una corporación. Para hacer su selección usted debe presentar ante el IRS el *formulario 8832, Elección de Clasificación de Entidad (Entity Classification Election).*

Retenciones, Seguro Social e Impuestos para Seguro Médico

Si usted necesita información básica sobre devolución de impuestos de negocios, el IRS publica un folleto bastante grande que contesta a la mayoría de las preguntas y se ofrece sin cargo alguno. Sírvase escribir o llamarles y pregúnteles por la Publicación No. 334. Para empezar, usted necesitará familiarizarse con la siguiente información.

- Número de Identificación como Empleador

- Certificado de Autorización de Retenciones del Empleado

- Cupones de Depósitos para los Impuestos Federales

- Presentaciones Electrónicas

- Comprobante de Impuestos para los Pagos Estimados

- Devolución Trimestral de Impuestos del Empleador

- Salarios y Declaración de Impuestos

- Misceláneos del formulario 1099

- Crédito Ganados sobre Ingresos

Número de Identificación como Empleador

Si usted es el único propietario sin empleados, usted puede usar su número de seguro social para sus negocios. Si usted tiene una corporación, una sociedad colectiva o es dueño con empleados, debe obtener un *Número de Identificación como Empleador* (*Employer Identification Number*). Esto se hace presentando la *Solicitud del Número de Identificación como Empleador; formulario del IRS SS-4*. Generalmente, toma de una a dos semanas recibirlo. Necesitará este número para abrir cuentas bancarias para su negocio, así que puede presentar este formulario tan pronto como decida abrir su negocio.

Certificado de Descuentos del Empleado para las Retenciones

Usted debe pedirle a cada empleado que llene un formulario de *Certificado de Descuentos del Empleado para las Retenciones* (*Employee's Withholding Allowance Certificate* (*IRS Form W-4*)) para calcular la suma de impuestos federales que se debe deducir y para obtener los números de seguros sociales.

Cupones de Depósitos de los Impuestos Federales

Luego de haber hecho las retenciones de los salarios de los empleados, usted debe depositarlos en un banco que esté autorizado para aceptar dichos fondos. Si al final de cualquier mes usted tiene más de $1.000 dólares en impuestos retenidos (incluyendo sus contribuciones para la FICA), usted debe hacer un depósito previo al decimoquinto (15°) día del siguiente mes. Si el tercer (3°), séptimo (7°), undécimo (11°), decimoquinto (15°), decimonoveno (19°), vigésimo segundo (22°), o vigésimo quinto (25°) día de cualquier mes, usted tiene más de $3.000 dólares en impuestos retenidos, usted debe depositarlos dentro de los siguientes tres días bancarios.

Registraciones Electrónicas

Cada año el IRS permite registrar electrónicamente o por teléfono, algunos nuevos formularios más. Cuando usted recibe su formulario (de papel) del IRS para presentarlo, le incluirán sus opciones para registralo electrónicamente o por teléfono. En algunos casos el registro electrónico le pueden ahorrar tiempo, pero si su negocio es pequeño y la mayoría de sus números son ceros, quizás sea más rápido presentarlos en el formulario de papel por correo.

Comprobante de Pagos Estimados para los Impuestos

Generalmente, los propietarios únicos y socios retiran dinero de sus negocios sin efectuar formalmente la retención de impuestos. No obstante, se les requiere hacer depósitos de sus ingresos e impuestos FICA cada cuatrimestre. Si en el *formulario 1040* de una persona se deben más de $500 dólares en abril, no se han hecho suficientes deducciones en cada trimestre y se le dará una penalidad a menos que la persona tenga una excepción. La retención trimestral se muestra en el *formulario 1040-ES* en el decimoquinto (15°) día de abril, el decimoquinto (15°) día de junio, decimoquinto (15°) día de septiembre y decimoquinto (15°) día de enero de cada año. Si esos días caen en un fin de semana entonces el día de pago será el siguiente lunes.

Devolución Trimestral de Impuestos del Empleador

Cada trimestre usted debe presentar el *formulario 941* declarando sus deducciones federales y los impuestos de FICA. Si usted debe más de $1.000 dólares al final del cuatrimestre, se le requerirá hacer un depósito al final de cualquier mes que usted tenga $1.000 dólares en deducciones. Los depósitos se hacen en el Banco de Reserva Federal o en una institución financiera autorizada en el *formulario 501*. La mayoría de los bancos están autorizados a aceptar depósitos. Si usted debe más de $3.000 dólares por cualquier mes, debe hacer un depósito en cualquier momento del mes en el que debe los $3.000 dólares. Luego de haber presentado el *formulario SS-4* le deberán enviar el formulario 941 automáticamente si usted ha puesto una tilde en la casilla que dice si usted cree que tendrá empleados.

Salarios y Declaración de Impuestos

Al final de cada año, usted debe hacer el *formulario W-2* por cada empleado. Este formulario muestra la suma de salarios pagada a los empleados durante el año, como así también las sumas deducidas por impuestos, seguro social, seguro médico (medicare), y otros propósitos.

Misceláneos Formulario 1099

Si usted paga al menos $ 600 dólares a una persona que no sea un empleado (como por ejemplo, un contratista independiente), se le requerirá que presente un *formulario 1099* para esa persona. Junto con este formulario, deberá presentar un *formulario 1096*—una hoja de resumen.

(Muchas personas no saben de esta ley y fallan en presentar este formulario, pero este se requiere por cuestiones tales como servicios, regalías, rentas, asignaciones y premios que usted haya pagado a individuos.)

Crédito Ganados sobre Ingresos

Las personas que no son responsables de pagar impuestos sobre los ingresos pueden tener el derecho a un cheque del gobierno a causa de Crédito Ganado sobre Ingresos (Earned Income Credit). Usted debe notificarles estoa sus empleados. Puede satisfacer este requisito con una de los siguientes puntos:

- un *formulario W-2* con el aviso en la parte de atrás;

- un formulario W-2 sustituto, con la nota en este;

- una copia del *Aviso 797*; o,

- una declaración escrita con las palabras del *Aviso 797* (*Notice 797*).

Un *aviso* 797 puede bajarse de la pagina Web del IRS en

www.irs.gov/pub/irs-pdf/n797.pdf

Impuestos sobre Compensación por Desempleo

Usted debe pagar impuestos federales de desempleo si paga salarios de $1.500 dólares en un trimestre, o si usted tuvo al menos un empleado por veinte semanas del calendario. La suma de impuestos federales es de 0.8% de los primeros $7.000 dólares de salarios pagados por cada empleado. Si se debe más de $100 dólares, hay que pagarlos al final de cualquier trimestre (si usted paga $12.500 dólares en salarios por el cuatrimestre), entonces, se deberá presentar el *formulario 508* ante una institución financiera autorizada o en el Banco de Reserva Federal en su zona. Usted recibirá el *formulario 508* cuando obtenga su número de identificación como empleador.

Al final de cada año, usted debe presentar el *formulario 940* o *formulario 940EZ*. Ésta es su declaración anual de impuestos federales por desempleo. Usted recibirá un formulario original del IRS.

Capítulo 16

El Final y el Comienzo

Si usted ha leído todo el libro completo, ahora ya sabe acerca de todas las regulaciones más importantes que se requieren para iniciar su propio negocio. Sin embargo, luego de haber aprendido sobre regulaciones gubernamentales, puede sentirse un poco desalentado. Probablemente se pregunte cómo puede manejarse con todas las leyes y como podrá tener tiempo para hacer dinero luego de cumplir con las leyes. No es tan malo como parece. Todos los días hay gente que inicia un negocio.

¡Felicitaciones por haber decidido empezar el suyo!

Glosario

A

acciones. Intereses del propietario en una corporación.

aceptación. El acto de estar de acuerdo con los términos de una oferta y luego confeccionar un contrato.

acoso sexual. Actividad que causa que un empleado(a) se sienta o sea amenazado sexualmente.

afirmaciones. Comentarios positivos acerca de productos o servicios.

asociación de responsabilidad limitada. Una entidad reconocida con "personería legal" que se establece para conducir un negocio manejado y perteneciente a miembros profesionales tales como abogados o doctores.

asociación limitada. Una compañía en la cual los dueños son dos o más personas de las cuales una o más es responsable de las deudas del negocio y una o más es responsable de las deudas.

asociación profesional. Una entidad reconocida con "personería legal" formada para conducir negocios de profesionales tales como abogados o doctores.

B

beneficios del trabajador, por derecho de compensación del trabajador. Programa de seguro para cubrir accidentes o muertes de los empleados.

bienes. *Véase mercancías.*

C

causa. El intercambio de valores o promesas en un contrato.

cobranzas. La cobranza de dinero que se le debe a un negocio.

comerciante. Una persona que realiza negocios.

compensación por encontrarse desempleado. Pagos que se le otorgan a un ex empleado quien ha sido despedido de un trabajo por una razón que no haya sido por su culpa o incumplimiento.

contratista independiente. Persona que trabaja para otra no como un empleado sino con ganancias separada (por su cuenta).

contrato. Un acuerdo entre dos o más partes.

corporación. Una persona artificial o ficticia que se establece para conducir negocios; los dueños son accionistas y generalmente es dirigida por ejecutivos y directores.

corporación C. Una corporación que paga impuestos sobre sus ganancias.

corporación S. Una corporación en la cual los accionistas son los responsables por los impuestos a las ganancias.

cuota. *Véase participación.*

D

datos reservados. Información comercial muy valiosa o procesos que se mantienen en secreto para que estén protegidos.

derecho consuetudinario. Ley creada mediante precedentes judiciales (a través de casos judiciales) en lugar de estatutos.

derecho de autor. Protección legal que se otorga a "trabajos originales por paternidad literaria."

discriminación. La elección entre varias opciones que se basa en sus características.

discriminación positiva (acción afirmativa). La iniciativa de contratar a un empleado para obtener un balance en la fuerza de trabajo, y evitar la existente o la continua discriminación basada en el estatus de la minoría.

dueño. Persona a quien le pertenece un negocio.

E

empleado. Persona que trabaja bajo el control y dirección de otra.

entidad sin fines de lucro. Una entidad reconocida con "personería legal" que está formada para conducir operaciones en la cual ningún beneficio se distribuye entre los miembros del directorio.

extranjero. Una persona que no es ciudadana del país.

G

garantía. Una promesa sobre la calidad del producto o servicio.

garantía declarada o escrita. Una garantía específica de un producto o servicio.

garantía implícita. Una garantía de bienes o servicios que no está específicamente hecha, pero que puede estar implícita a través de las circunstancias de la venta.

garantía limitada. Una garantía que cubre ciertos aspectos de una mercadería o servicio.

H

horas extra de trabajo. Horas trabajadas en exceso; más de ocho horas en un día o más de cuarenta horas en una semana.

I

impuesto al consumo. Un impuesto pagado sobre la venta o la consumición de bienes o servicios.

L

levantar el velo corporativo. Cuando la corte ignora la estructura de una corporación y determina responsables a sus propietarios por sus deudas y obligaciones.

ley de fraudes o contra fraudes. Ley que requiere que ciertos acuerdos se hagan por escrito.

licencia ocupacional. Permiso otorgado por el gobierno para realizar transacciones comerciales.

M

marca registrada o comercial. Un nombre o símbolo que se usa para identificar la fuente de la mercadería o el servicio.

mercancías. Ítems de propiedad personal.

N

nombre de dominio. La dirección de una pagina Web (website).

nombre ficticio. El nombre que se usa para negocios, que no es el nombre personal, ni el nombre legal.

O

obligación. *Véase responsabilidad.*

oferta. Propuesta incluida en un contrato.

P

pacto social (artículos de una asociación). El documento de origen, por el cual se constituye la organización de una corporación.

participación. Unidad de valores en una corporación.

patente. Protección otorgada por inventos, decubrimientos o diseños.

precio engañoso. Poner precios a las mercaderías o servicios con la intención de engañar a los clientes.

propaganda persuasiva (de anzuelo). Ofrecer un producto a la venta con la intención de vender otro producto.

propiedad intangible. Propiedad personal que no tiene presencia física, tal como la pertenencia de intereses en una corporación.

propiedad intelectual. Derechos legales sobre obras producidas por la imaginación, (o la mente) tales como escritos, composiciones musicales, fórmulas y diseños.

propiedad personal. Cualquier otro tipo de propiedad, con excepción de tierras y las estructuras adjuntas a la misma.

propiedad real (bienes raíces). Incluye el terreno y la estructura del mismo.

propiedad tangible o real. Propiedades físicas personales tales como mesas, escritorios, etc.

propuesta de la firma comerciante. Oferta hecha por un comerciante bajo términos específicos.

R

residente extranjero. Toda persona quien no es un ciudadano del país, pero que reside y trabaja allí legalmente.

respaldo. *Véase afirmaciones.*

responsabilidad. La responsabilidad legal que se tiene para pagar una avería o daño.

retenciones (de impuestos). Dinero que se le deduce al empleado de su salario y se le remite al gobierno.

S

sobre tiempo. *Véase horas extra de trabajo.*

sociedad colectiva. Una asociación entre dos o más personas.

sociedad (compañía) de responsabilidad limitada. Una entidad reconocida con personería legal que se establece para conducir negocios dirigidos por sus miembros, o sea los dueños.

sociedad general. Un negocio que tiene dos o más dueños.

subalquilar. Un acuerdo que se hace para alquilarle (rentar) una propiedad a un inquilino ya existente (que ya esté viviendo allí).

U

usura. Cuando al efectuar una transacción comercial se cobran intereses mas altos de lo que la ley establece.

V

valores. Intereses en un negocio tales como: acciones, bonos, pagarés u otros intereses.

venta a prueba. Cuando se vende un artículo con el acuerdo de que se lo puede devolver quedando así cancelada la venta.

venta de volumen. El acto de vender sustancialmente todo lo que la compañía tiene en su inventario.

venta o retorno. Un acuerdo donde la mercadería puede ser comprada o devuelta al vendedor.